中华人民共和国行业标准

航道工程设计规范

JTS 181—2016

主编单位：长江航道规划设计研究院
　　　　　中交天津港航勘察设计研究院有限公司
批准部门：中华人民共和国交通运输部
施行日期：2017 年 1 月 1 日

人民交通出版社股份有限公司

2016 · 北京

图书在版编目(CIP)数据

航道工程设计规范 / 长江航道规划设计研究院，中交天津港航勘察设计研究院有限公司主编. — 北京 ：人民交通出版社股份有限公司，2016.7

ISBN 978-7-114-13212-4

Ⅰ. ①航… Ⅱ. ①长… ②中… Ⅲ. ①航道工程 – 设计规范 Ⅳ. ①U61 – 65

中国版本图书馆 CIP 数据核字(2016)第 166398 号

中华人民共和国行业标准

书　　名：航道工程设计规范

著 作 者：长江航道规划设计研究院

中交天津港航勘察设计研究院有限公司

责任编辑：董　方

出版发行：人民交通出版社股份有限公司

地　　址：(100011)北京市朝阳区安定门外外馆斜街 3 号

网　　址：http://www.chinasybook.com

销售电话：(010)64981400,59757915

总 经 销：北京交实文化发展有限公司

印　　刷：北京虎彩文化传播有限公司

开　　本：880 × 1230　1/16

印　　张：7.25

字　　数：160 千

版　　次：2016 年 10 月　第 1 版

印　　次：2023 年 3 月　第 2 次印刷

书　　号：ISBN 978-7-114-13212-4

定　　价：80.00 元

交通运输部关于发布《航道工程设计规范》（JTS 181—2016）的公告

2016 年第 32 号

现发布《航道工程设计规范》（以下简称《规范》）。本《规范》为强制性行业标准，编号为 JTS 181—2016，自 2017 年 1 月 1 日起施行。《航道整治工程技术规范》（JTJ 312—2003）、《水运工程导标设计规范》（JTJ 237—94）同时废止。

本规范第 4.2.5 条、第 4.6.9 条、第 4.7.2 条、第 4.10.6 条、第 4.10.11 条、第 4.11.7 条、第 6.8.2 条、第 7.4.4 条、第 8.1.2 条、第 8.1.3 条、第 8.3.4 条、第 8.3.5 条、第 8.3.6 条、第 8.4.2 条和第 10.1.4 条中的黑体字部分为强制性条文，必须严格执行。

本《规范》由交通运输部水运局负责管理和解释。

特此公告。

中华人民共和国交通运输部

2016 年 7 月 20 日

制订说明

本规范是根据我国航道工程建设和发展需要，适应推动内河水运发展的战略要求，在《航道整治工程技术规范》(JTJ 312—2003)和《水运工程导标设计规范》(JTJ 237—94)等的基础上，总结多年来航道工程设计的实践经验和创新成果，经深入调查研究、广泛征求意见、反复修改完善编制而成。主要包括天然径流航道、沿海及潮汐河口航道、枢纽上下游航道、运河航道、湖区桥区和内河进港航道、航标工程、整治建筑物的设计等技术内容。

本规范第4.2.5条、第4.6.9条、第4.7.2条、第4.10.6条、第4.10.11条、第4.11.7条、第6.8.2条、第7.4.4条、第8.1.2条、第8.1.3条、第8.3.4条、第8.3.5条、第8.3.6条、第8.4.2条和第10.1.4条中的黑体字部分为强制性条文，必须严格执行。

本规范的主编单位为长江航道规划设计研究院和中交天津港航勘察设计研究院有限公司，参编单位为中交上海航道勘察设计研究院有限公司、中交水运规划设计院有限公司、江苏省交通规划设计院股份有限公司、湖南省交通规划勘察设计院、长江航道局、中交第一航务工程勘察设计院有限公司、四川省交通运输厅交通勘察设计研究院、黑龙江省航务勘察设计院、长江重庆航运工程勘察设计院、河北省水运工程规划设计院。

本规范共分10章和3个附录。编写组人员分工如下：

1　总则：刘怀汉　黄召彪

2　术语：徐　元　谷祖鹏

3　基本规定：刘　璟　周冠伦　吴　澎　刘怀汉

4　天然径流航道：黄召彪　余　帆　周冠伦　陈晚华　鞠文昌　罗　宏　黄　磊

5　沿海及潮汐河口航道：刘　璟　徐　元　吴　澎　李进军　姜俊杰　周云亮　张　华　刘红宇

6　枢纽上下游航道：吴　澎　刘学著　周冠伦　鞠文昌　罗　宏

7　运河航道：陆　飞　徐　元　吴　澎　周云亮

8　湖区、桥区和内河进港航道：刘学著　袁达全　吴　澎　姜俊杰

9　航标工程：李　昕　周　海　阳建云　王春平

10　整治建筑物：袁达全　雷国平　黄召彪　余　帆　罗　宏　吴　澎　张　华　鞠文昌　陆　飞　陈晚华

附录A：雷国平

附录B：李　昕

附录C：雷国平

本规范于2014年11月5日通过部审，于2016年7月20日发布，自2017年1月1日起实施。

本规范由交通运输部水运局负责管理和解释。请各单位在执行过程中,将发现的问题和意见及时函告交通运输部水运局(地址:北京市建国门内大街 11 号,交通运输部水运局技术管理处,邮政编码:100736,电子邮箱:sys616@ mot. gov. cn)和本规范管理组(地址:湖北省武汉市江岸区汉黄路 17 号,长江航道规划设计研究院,邮政编码:430011),以便修订时参考。

目　次

1 总 则

1.0.1 为了统一航道工程设计的主要技术要求,提高航道工程的技术水平,保障工程的经济合理、安全可靠、生态环保、资源节约,适应航运事业发展的需求,制定本规范。

1.0.2 本规范适用于新建、改建、扩建的航道工程设计。

1.0.3 航道工程设计应符合相关规划的要求,与防洪、发电、排灌、环境保护、城市建设和港口发展等相协调。

1.0.4 航道工程设计除应符合本规范的规定外,尚应符合国家现行有关标准的规定。

2 术 语

2.0.1 沿海航道 Coastal Waterway

海岸线附近具有一定边界可供海船航行的海域。

2.0.2 内河航道 Inland Waterway

天然河流、湖泊、水库内的航道和运河航道、枢纽上下游航道的总称。

2.0.3 枢纽上下游航道 Upstream and Downstream of Hydro-junction

位于枢纽上下游且受枢纽调度运行影响明显的航道。

2.0.4 天然径流航道 Natural Runoff Channel

以径流作用为主的天然河流航道。

2.0.5 潮汐河口航道 Estuarine Channel

以潮汐作用为主,并具有河流水文特性的航道。

2.0.6 湖区航道 Channel in Lake Area

湖泊及附近的航道,包括湖泊航道、河湖两相航道和滨湖航道。

2.0.7 河湖两相航道 River-lakefacies Channel

位于高水位时为湖泊、低水位时为河流的水域内的航道。

2.0.8 滨湖航道 Lakeshore Channel

靠近湖泊受湖水顶托影响的河流航道。

2.0.9 进港航道 Approach Channel; Entrance Channel

与沿海航道或内河主航道联接的、供船舶进出港池使用的航道。

2.0.10 复式航道 Compound Channel

同一设计断面上有两个或两个以上不同通航水深的航道。

2.0.11 限制性航道 Restricted Channel

因水面狭窄、航道断面系数较小而对船舶航行有明显限制作用的航道。

2.0.12 深度基准面 Depth Datum

海图、航道图、航行图等所载水深的起算基面。

2.0.13 理论最低潮面 Theoretically Lowest Tidal Level

海域或潮汐河口地区水深图所载水深的起算基面,一般为在平均海(水)面以下一定深度、理论上可能出现的最低水位。

2.0.14 航行基准面 Navigation Chart Datum

内河航道水深图所载水深的起算基面。

2.0.15 通航条件 Navigable Conditions

航道的通航尺度、水流条件、气象条件和河床海床边界条件等的总称。

2.0.16 航道尺度　Channel Dimensions

对于内河航道,为航道水深、宽度、弯曲半径的总称;对于沿海和潮汐河口航道,为通航水深、通航宽度、设计水深、弯曲半径的总称。

2.0.17 通航水深　Navigable Depth

设计通航水位时航道设计船型可通航的水深。

2.0.18 通航宽度　Navigable Width

航道两侧界限之间,设计通航水位时航道设计船型可通航的水域宽度。

2.0.19 通航净空　Navigable Clearance

设计最高通航水位时,满足航道设计船型通航要求的最小净空尺度。

2.0.20 设计通航水位　Designed Navigable Stage

设计所采用的允许标准船舶或船队正常通航的水位,包括设计最低通航水位、设计最高通航水位。

2.0.21 整治水位　Regulation Stage

对整治目标区段航行条件有显著改善、与整治流量相应的水位。

2.0.22 整治线　Regulation Lines

与整治水位对应的,整治河段设计航槽所在左右两侧的整治控制线。

2.0.23 守护工程　Guarding Engineering

为稳定航道边界或实现航道整治效果所采取的守护河床边界的工程措施,包括护滩、护岸等。

2.0.24 填槽　Filling Slot

为调整航道断面形态,改善通航条件或遏制通航条件恶化,对局部深槽采用块石、沙袋、沙枕等实施的回填措施。

2.0.25 护底　Bottom Protection

为保护河床或者主体建筑物稳定所采取的工程措施。

2.0.26 软体排　Flexible Geo-textilemattress for Bottom Protection

表面采用重物压载,由土工织物或梢料捆扎组成且可贴合河床变形的排状物。

2.0.27 虚拟航标　Rirtual Aids

利用岸基 AIS 发射信息,在信号覆盖范围内的电子航道图上标示出位置和标志性质但实体并不存在的航标。

3 基本规定

3.1 一般要求

3.1.1 航道工程设计应按基建程序不同阶段设计文件编制规定的要求,进行基本资料的收集、分析和整理。后一阶段所需资料,应在前一阶段已有资料的基础上补充、深化。

3.1.2 航道工程运量预测的设计水平年应根据工程性质、规模大小确定,可取工程建成后的10年~30年。

3.1.3 航道建设规模应根据货运量、船型、船流密度等发展要求,以及自然条件、工程投资等因素,经技术经济论证后确定,并应遵循下列原则:

(1)适应国民经济和社会发展要求;

(2)具有前瞻性,留有适当发展余地;

(3)充分利用已有航道资源、土地资源和水资源等自然资源;

(4)保护环境、节能和安全。

3.1.4 航道工程设计应根据山区河流、平原河流、沿海及潮汐河口的不同特性,进行水流、波浪、泥沙特性、河床海床演变等分析研究,通过多方案比较,确定经济的、合理的设计方案。

3.1.5 航道总体设计的主要内容应包括航道建设规模及标准、航道选线、航道平面布置和主要尺度、整治工程的整治线、整治建筑物布置、疏浚工程、导助航设施布置等,必要时应考虑停泊区、锚地和服务区。停泊区、锚地和服务区的选址应根据自然条件、河流水文特性、航道布置和船型等因素综合考虑确定,并应符合国家现行有关标准的规定。

3.1.6 航道选线应在满足船舶航行安全的前提下,按照航道规划,结合当地自然条件、工程费用、外部条件和维护费用等因素综合分析确定。

3.1.7 整治建筑物结构应贯彻因地制宜、就地取材的原则,根据航道总体设计的要求,并考虑自然条件、建筑材料和其他技术要求等因素进行设计。

3.1.8 航道工程设计应积极慎重地采用新技术、新工艺、新材料。

3.1.9 航标设计应根据航道的具体条件和航海技术的发展,合理选择导助航方案,确定航标的配布和选型。

3.1.10 航道的断面系数不应小于6,流速较大的航段不应小于7。

3.1.11 对复杂的航道整治工程,应加强施工期和运营期现场观测。

3.1.12 改建、扩建航道的布置应充分利用原有航道和航道设施。

3.1.13 航道整治工程应进行整治效果预测,区分不同的条件,可分别采用水力计算、物理模型或数值模拟等研究方法。对水沙条件简单和河床变形不大的工程项目可采用水力计算方法进行计算分析,水力计算应符合附录 A 的规定。对水沙条件复杂和整治效果难以确定的航道工程,应采用物理模型、数值模拟或两者相结合的方法进行模拟研究。

3.2 基本资料

3.2.1 航道工程设计收集的基本资料应包括相关规划、有关批准文件、自然条件资料、经济运行资料、航道条件资料和其他必要的资料。

3.2.2 自然条件资料主要应包括下列内容:

(1)水文资料,包括水位、流量、流速、流向、流态等水流资料,波浪、潮汐特征值和含盐度资料,输沙量、含沙量、悬移质、推移质和河床质、海床质或湖床质粒径级配等泥沙资料,冰冻水域的冰况资料;

(2)气象资料,包括风、降水、雾、气温等;

(3)地质资料,包括地层分布、岩土性质、软弱夹层、断裂构造、水文地质及地震基本烈度等;

(4)地形地貌资料,包括航道区域和周边地形图等地形资料,地形特征、地貌类型、不良地质现象的分布及发育程度等地貌资料。

3.2.3 经济运行资料主要应包括下列内容:

(1)历史的、现状的、规划的客货运量、流向及各类货物所占比重;

(2)现状的、预测的船型、船队和其他各类船舶的组成、尺度、所占比重;

(3)船舶运输的营运成本和技术经济指标;

(4)港口码头分布、泊位数、吞吐能力和客货运量现状以及发展规划等。

3.2.4 航道条件资料主要应包括下列内容:

(1)航道的现状等级、航道尺度及险滩分布、通航条件、导助航设施、已建通航建筑物等;

(2)航道的河床或海床底质及演变、碍航情况、海事情况等;

(3)航道规划、航道定级等;

(4)与航道有关的涉水设施,包括枢纽、沿江防洪工程、临河及过河建筑物、海上和海底建筑物、渡口、取排水设施、管线等。

3.2.5 其他资料主要应包括下列内容:

(1)生态及环境现状;

(2)附近城镇、交通、供电及供水情况;

(3)建筑材料的供应情况;

(4)编制工程估算、概算和预算的有关规定、定额及材料设备价格等;

(5)已有相关研究成果等。

3.2.6 在满足工程建设需要的条件下,V 级及以下航道整治工程的基本资料收集可适当简化。

4 天然径流航道

4.1 一般规定

4.1.1 山区河流演变分析应侧重于水流条件、推移质运动和溪口堆积体的变化等;平原河流演变分析应侧重于河势、岸线、滩槽、水流和泥沙条件变化等。

4.1.2 长河段航道整治应系统分析研究河段内各滩险的碍航特点、演变规律及滩险之间的关联性。

4.1.3 因水沙条件改变,导致滩槽格局具有不利趋势性变化的河段,宜采用控导型工程,稳定河势,维持有利的航道条件。

4.1.4 浅滩整治设计应进行水力计算(附录A),并可根据需要进行模拟研究。

4.2 航道建设规模及标准

4.2.1 航道运量预测设计水平年的确定应综合考虑工程建设周期、续建工程和运量发展速度等影响因素,分期实施工程的建设时序应与运量发展水平相适应。

4.2.2 设计船型的论证应考虑航道规划等级、自然条件、运量、船舶营运组织方案、港口条件等因素。

4.2.3 航道建设标准应在运量预测的基础上,根据设计船型和航道的条件,通过多方案技术经济综合论证确定。

4.2.4 航道的线数应根据运输要求、航道条件和投资效益分析确定。

4.2.5 航道的通航水流条件应满足下列要求。

4.2.5.1 航道内的最大纵向表面流速和局部比降宜满足设计船舶或船队自航上滩的要求。

4.2.5.2 取水工程的进口和排水工程的出口处,航道横向流速不宜超过0.3m/s,回流流速不宜超过0.4m/s。

4.2.5.3 航道内的滑梁水、剪刀水、泡漩水和扫弯水等不良流态不得影响船舶安全航行。

4.3 航道选线

4.3.1 航道选线应结合总体规划、自然条件、船舶航行密度、环境保护要求、工程量、维护费用、船舶航行安全等因素综合确定,并适当留有发展余地。

4.3.2 航道选线应尽量利用自然水深,避免大量开挖岩石、暗礁和底质不稳定的浅滩,并对航道泥沙回淤做出论证。

4.3.3 航道选线应减小强风、强浪和水流主流向与航道轴线的交角。对有冰冻的河流,航道选线还应注意排冰条件和冰凌对船舶航行的影响,尽量避开冰凌及排冰通道。

4.3.4 航道轴线宜平顺,避免多次连续转向。当受地形、地质条件限制必须多次转向时,宜采取减小转向角、加长两次转向间距、加大回旋半径或适当加宽航道等措施。

4.3.5 浅滩段航道轴线布置应分析水动力及泥沙对航道的影响,并分析浅滩演变与航道轴线布置的关系。有整治工程时,航道轴线的布置还应结合整治效果的预测确定。

4.3.6 航道交叉区段内,各航道应避免转向。各航道间有互通船舶要求时,交叉水域的设计应满足船舶通视、转弯的安全要求。航道交叉水域宜设置警戒区。

4.4 设计通航水位

4.4.1 设计通航水位应根据河道近期连续的水位和流量资料通过计算分析确定。当水文条件发生变化时,应根据变化情况,通过论证研究及时进行调整。

4.4.2 水位和流量资料的取用应符合下列规定。

4.4.2.1 当基本站资料具有良好的一致性时,应取近期连续资料系列,取用年限不短于 20 年。

4.4.2.2 当基本站资料不具有良好的一致性时,应根据其变化原因及发展趋势,确定代表性资料系列的取用年限。

4.4.2.3 当工程河段的水文条件受人类活动的自然因素影响发生明显变化时,应通过分析研究,选取变化后有代表性的资料。

4.4.3 设计最高通航水位的确定应符合下列规定。

4.4.3.1 不受潮汐影响和潮汐影响不明显的河段,设计最高通航水位的确定应采用表 4.4.3规定的各级洪水重现期水位。

表 4.4.3 天然河流设计最高通航水位的洪水重现期

航道等级	Ⅰ~Ⅲ	Ⅳ、Ⅴ	Ⅵ、Ⅶ
洪水重现期(年)	20	10	5

注:对出现高于设计最高通航水位历时很短的山区性河流,Ⅲ级航道洪水重现期可采用 10 年;Ⅳ、Ⅴ级航道可采用 5~3 年;Ⅵ、Ⅶ级航道可采用 3~2 年。

4.4.3.2 潮汐影响明显的河段,设计最高通航水位应采用年最高潮位频率为 5% 的潮位,按极值Ⅰ型分布律计算确定。

4.4.4 设计最低通航水位的确定应符合下列规定。

4.4.4.1 不受潮汐影响和潮汐影响不明显的河段,设计最低通航水位可采用综合历时曲线法计算确定,其多年历时保证率应符合表 4.4.4-1 的规定;对于运输比较繁忙的航道,当枯水期年际间水文条件差异较大时,也可采用保证率频率法计算确定,其年保证率和重现期应符合表 4.4.4-2 的规定。

表 4.4.4-1 天然河流设计最低通航水位的多年历时保证率

航道等级	Ⅰ、Ⅱ	Ⅲ、Ⅳ	Ⅴ~Ⅷ
多年历时保证率(%)	≥98	98~95	95~90

表4.4.4-2 天然河流设计最低通航水位的年保证率和重现期

航道等级	Ⅰ、Ⅱ	Ⅲ、Ⅳ	Ⅴ~Ⅷ
年保证率(%)	99~98	98~95	95~90
重现期(年)	10~5	5~4	4~2

4.4.4.2 潮汐影响明显的河段,设计最低通航水位应采用低潮累计频率为90%的潮位。

4.4.5 河网地区天然航道的设计通航水位应按第4.4.3条和第4.4.4条的规定确定。运输特别繁忙的河网地区航道的设计通航水位可按Ⅰ级航道的规定确定。

4.4.6 封冻河流的设计通航水位可按第4.4.3条和第4.4.4条的规定确定,其通航期应以全年总天数减去封冻和流冰停航的天数计算。

4.5 航道尺度

4.5.1 航道尺度应根据不同水域或河流的性质、设计通航船型船队、客货运量和船舶航行密度等进行分析论证。

4.5.2 航道水深可按下式计算:

$$H = T + \Delta H \tag{4.5.2}$$

式中 H——航道水深(m);

T——船舶吃水(m),根据航道条件和运输要求可取船舶、船队设计吃水或枯水期减载时的吃水;

ΔH——富裕水深(m),主要包括船舶航行下沉量和触底安全富裕量,可按表4.5.2的规定选用。

表4.5.2 富裕水深值(m)

航道等级	Ⅰ	Ⅱ	Ⅲ	Ⅳ	Ⅴ	Ⅵ	Ⅶ
富裕水深	0.4~0.5	0.3~0.4	0.3~0.4	0.2~0.3	0.2~0.3	0.2	0.2

注:①流速和风浪较大的水域取大值,反之取小值;

②卵石和岩石质河床富裕水深值应另加0.1m~0.2m;

③Ⅰ级航道设计船型为5000t级及以上富裕水深值应另增加0.1m~0.2m;

④对于限制性航道,相应富裕水深值应适当加大。

4.5.3 航道通航宽度应由航迹带宽度、船舶间富裕宽度和船舶与航道底边间的富裕宽度组成。

4.5.4 航道宽度可分为单线航道宽度和双线航道宽度,根据船舶密度和航道条件可按下列规定确定。

4.5.4.1 直线段单线航道宽度可按下列公式计算:

$$B_1 = B_F + 2d \tag{4.5.4-1}$$

$$B_F = B_s + L\sin\beta \tag{4.5.4-2}$$

式中 B_1——直线段单线航道宽度(m);

B_F——船舶或船队航迹带宽度(m);

d——船舶或船队外舷至航道边缘的安全距离(m),船队可取(0.25~0.30)倍航迹带宽度,单船可取(0.34~0.40)倍航迹带宽度;

B_s——船舶或船队宽度(m);

L——顶推船队长度或货船长度(m);

β——船舶或船队航行漂角(°),Ⅰ~Ⅴ级航道可取3°,Ⅵ级和Ⅶ级航道可取2°。

4.5.4.2 直线段双线航道宽度可按下列公式计算:

$$B_2 = B_{Fd} + B_{Fu} + d_1 + d_2 + C \tag{4.5.4-3}$$

$$B_{Fd} = B_{sd} + L_d \sin\beta \tag{4.5.4-4}$$

$$B_{Fu} = B_{su} + L_u \sin\beta \tag{4.5.4-5}$$

式中 B_2——直线段双线航道宽度(m);

B_{Fd}——下行船舶或船队航迹带宽度(m);

B_{Fu}——上行船舶或船队航迹带宽度(m);

d_1——下行船舶或船队外舷至航道边缘的安全距离(m);

d_2——上行船舶或船队外舷至航道边缘的安全距离(m);

C——船舶或船队会船时的安全距离(m);

B_{sd}——下行船舶或船队宽度(m);

L_d——下行顶推船队长度或货船长度(m);

β——船舶或船队航行漂角(°),Ⅰ~Ⅴ级航道可取3°,Ⅵ级和Ⅶ级航道可取2°;

B_{su}——上行船舶或船队宽度(m);

L_u——上行顶推船队长度或货船长度(m);

$d_1 + d_2 + C$——各项安全距离之和(m),船队可取(0.50~0.60)倍上行和下行航迹带宽度,货船可取(0.67~0.80)倍上行和下行航迹带宽度。

4.5.4.3 当采用三线或三线以上航道时,其宽度应根据船舶通航要求确定。

4.5.4.4 弯曲段航道宽度应根据弯曲半径、流速、流向、流态、船舶或船队长度及操纵性能等因素确定,当弯曲半径小于等于3倍设计船队长度时,应在直线段航道宽度的基础上加宽;当弯曲半径大于3倍设计船队长度,但小于6倍设计船队长度时,应根据水流等具体条件确定是否加宽;当弯曲半径大于6倍设计船队长度时,弯曲段航道宽度可不加宽。

4.5.4.5 弯曲段航道加宽值宜通过实船试验或船舶操作模拟试验确定。当无实船试验资料时,设计船队弯曲段航道宽度增加值可按下式估算:

$$\Delta B = L^2/(2R + B) \tag{4.5.4-6}$$

式中 ΔB——弯曲段航道宽度增加值(m);

L——设计船队长度(m);

R——弯曲半径(m);

B——直线段航道设计宽度(m)。

4.5.4.6 弯曲段航道加宽宜设置在弯道内侧。当内侧加宽较困难时,可采用内、外侧同时加宽的方式,但内侧加宽值宜比外侧加宽值稍大;当内侧加宽特别困难时,可采用外侧加宽的方式;当内外侧加宽均特别困难时,经论证后,加宽值可适当减小,同时采取改善水流条件或限制性通航等措施。加宽方式如图4.5.4所示。

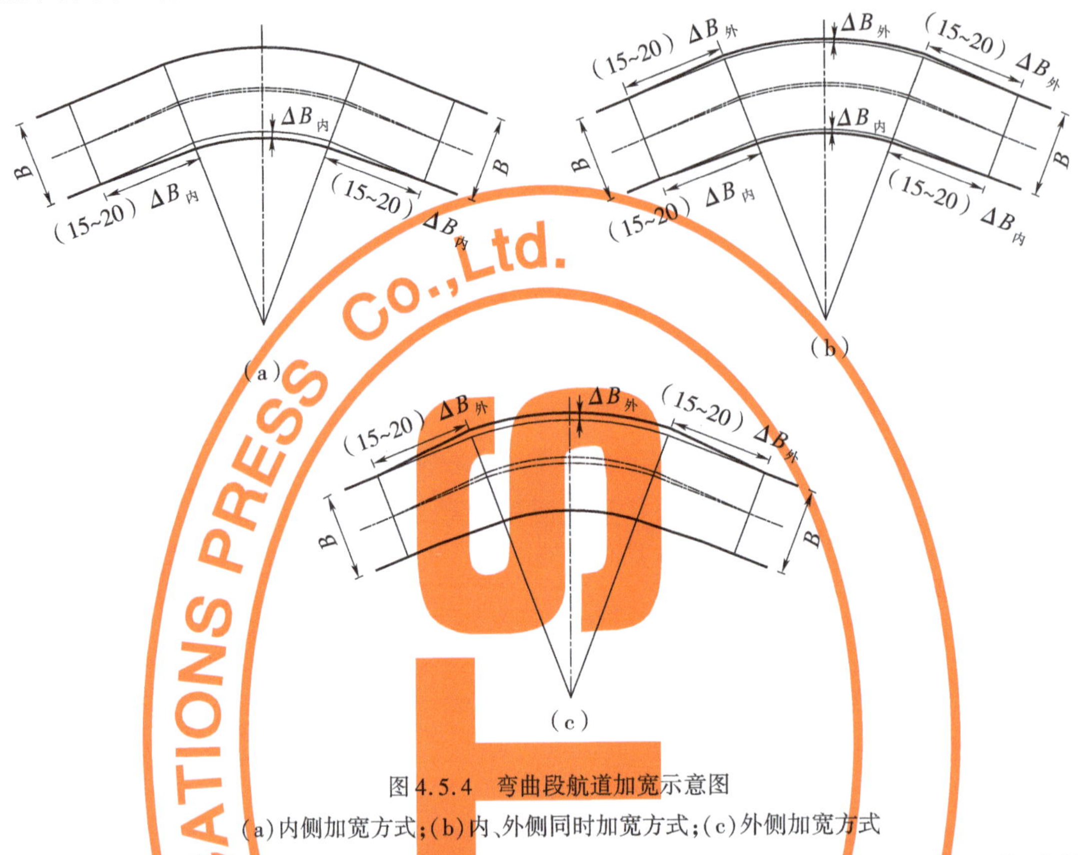

图4.5.4 弯曲段航道加宽示意图

(a)内侧加宽方式;(b)内、外侧同时加宽方式;(c)外侧加宽方式

4.5.5 航道最小弯曲半径,宜采用设计顶推船队长度的3倍、货船长度的4倍或拖带船队最大单船长度的4倍,并取大值。在特殊困难河段,航道最小弯曲半径不能达到上述要求时,在宽度加大和驾驶通视均能满足需要的前提下,弯曲半径可适当减小,但不得小于顶推船队长度的2倍、货船长度的3倍、拖带船队最大单船长度的3倍中的大值。流速3m/s以上、水势汹乱的山区性河流航道,其最小弯曲半径宜采用顶推船队长度或货船长度的5倍。条件复杂时宜通过船舶操纵模拟试验确定。

4.6 整治原则、整治水位、整治线

4.6.1 浅滩整治应遵循下列原则。

4.6.1.1 实施航道整治的河段总体河势应基本稳定。对于河势不稳定的河道,应采取河势控制与浅滩整治相结合的综合治理措施。

4.6.1.2 山区河流航道整治应调整不利于航行的河槽形态,改善水流条件。岩石河床应采取清礁和筑坝相结合的措施;砂卵石河床宜采取疏浚与筑坝相结合的措施。

4.6.1.3 平原河流中碍航浅滩宜采取筑坝或疏浚与筑坝相结合的措施,形成有利于冲深航槽的水流结构。稳定少变的浅滩宜采取疏浚措施。

4.6.1.4 航道条件满足建设标准但有不利变化趋势的沙质浅滩,宜采用守护型整治,

维持有利的滩槽格局，稳定航道条件。

4.6.1.5 年际冲淤变化较大或河势多变的浅滩，应利用河床演变过程中的有利时机进行整治。在实施过程中应以确保整治效果为目标，采取动态管理、优化设计。

4.6.1.6 整治中枯水均出现碍航的浅滩，可根据不同碍航时期分别确定整治流量，采取相应的整治措施，并应以中水整治为主，兼顾枯水整治。

4.6.2 守护型整治工程应依据守护的河岸地形、滩槽形态，确定工程守护平面位置及相应高程。

4.6.3 整治河段的上、中、下游或滩群的不同部位，可根据不同的滩险特性，确定不同的整治水位和整治线。

4.6.4 浅滩的整治水位与整治线宽度应统筹考虑、相互协调，并应按不同的组合进行验证，优选工程实施后冲刷强度与冲刷历时达到最佳的组合方案。

4.6.5 特别复杂的浅、急、险滩，其整治水位、整治线宽度和整治线布置，宜通过河工模型试验或数值模拟研究综合确定。

4.6.6 浅滩整治水位可采用优良河段平滩水位法、多年平均流量法、造床流量法或水位与航深关系法等，结合本河段的整治经验综合分析确定。其确定方法应符合下列规定。

4.6.6.1 当滩段有足够的实测水文资料时，可采用造床流量法推求与第二造床流量相应的水位，并同优良河段平滩水位和多年平均流量相应的水位相比较，结合当地的实践经验，合理选取整治水位。

4.6.6.2 当浅滩具有多个水文年的水位和航道水深、相应地形实测资料时，可通过绘制退水时段的水位与水深关系曲线，选取边滩完整、冲刷良好的年份发生明显冲刷的起始水位作为整治水位。

4.6.6.3 采用经验法，可参考同类河流的实践经验，结合本工程实际条件分析确定。当缺乏参考资料时，可采用表4.6.6中的数值。

表4.6.6 整治水位高于设计最低通航水位的经验值(m)

河流类型	山区河流	平原河流
小型	0.5~1.2	0.5~1.5
大中型	0.8~2.0	1.0~3.0

4.6.7 浅滩整治线宽度应根据河流的具体情况和整治经验综合分析确定，也可采用经验公式计算确定。缺乏整治经验的河流，整治线宽度可采用优良河段模拟法、实测河宽与水深关系法或理论计算方法综合确定。其确定方法应符合下列规定。

4.6.7.1 当采用优良河段模拟法时，应在同一河流内，选择水沙条件与整治滩段类似的若干个优良过渡段，以平滩水位的水面宽度平均值作为整治线宽度。

4.6.7.2 对于具有周期性演变规律的浅滩，可根据滩段航道优良时期实测河道图，取浅滩对应部位平滩水位水面宽度的平均值作为整治线宽度。

4.6.7.3 当采用实测河宽与水深关系法时，可在滩段及上下游水沙条件相似的河段内选取若干横断面，量取相应于整治水位时的水面宽度和设计航宽范围内的最小水深，点绘河宽与水深关系图，参考点群的下包线选取满足航深条件的水面宽度作为整治线宽度。

4.6.7.4 当采用理论计算方法时,整治线宽度可采用下列方法确定:

(1)一般河流整治线宽度按下式计算:

$$B_2 = KB_1\left(\frac{H_1}{\eta H'}\right)^y \tag{4.6.7-1}$$

式中 B_2——整治线宽度(m);

K——系数,通常情况取1,复杂情况取0.8~0.9;

B_1——整治水位时整治前的水面宽度(m);

H_1——整治水位时整治前的断面平均水深(m);

η——水深修正系数,根据优良河段断面形态或本河段工程实际选取,估算时取0.7~0.9;

H'——整治水位时设计的航道水深(m);

y——指数,河床稳定的河流取1.67;以悬沙造床为主的河流取1.33;以推移质造床为主的河流取1.2~1.4。

(2)来沙量较少和河槽较稳定的河流,整治线宽度按下式计算:

$$B_2 = \frac{Qn}{H_2^{5/3}J^{1/2}} \tag{4.6.7-2}$$

式中 B_2——整治线宽度(m);

Q——整治流量(m^3/s);

n——河床糙率;

H_2——整治水位时设计的断面平均水深(m);

J——水面平均比降。

4.6.7.5 汊道浅滩的整治线宽度应结合汊道的分流比与所选汊道的各项水力因子,参照第4.6.7.1款~第4.6.7.4款的方法确定。

4.6.8 浅滩整治线布置应符合下列规定。

4.6.8.1 整治线的走向和位置应依靠主导河岸,其起讫点应与稳定深槽的河岸相衔接,并根据河流的地形、地貌特征,利用比较固定的河岸、突嘴或矶头等作为整治线的控制节点。

4.6.8.2 整治线应布置成缓和而平滑的连续曲线,两组反向曲线之间应以直线过渡段连接,直线过渡段长度应大于设计顶推船队长度或设计最大单船长度,但不得大于整治线宽度的3倍。

4.6.8.3 整治线的范围宜选在河流退水期冲刷较快、泥沙淤积较少和深泓线较稳定的区域,整治线的走向宜与中、枯水流向吻合。

4.6.9 急滩和险滩整治水位的确定和整治开挖线的布置应符合下列规定。

4.6.9.1 急滩和险滩整治水位应根据成滩碍航期的上下限水位和最汹水位,结合整治开挖线布置综合分析确定。

4.6.9.2 急滩整治开挖线布置应满足设计船舶、船队自航上滩或改善绞滩条件的要求。

4.6.9.3 险滩整治开挖线布置应满足设计船舶或船队上下行安全行驶所需的航道尺度和水流条件,保障航行安全。

4.7 沙质浅滩整治

4.7.1 浅滩整治除应执行第3.2节相关规定外,还应进行下列资料的整理分析:

(1)浅滩河段冲淤变化;

(2)水位、流量与航道最小水深的关系;

(3)深泓线及纵横断面变化;

(4)分汊河段分流比和分沙比的变化;

(5)河床底质中值粒径分布;

(6)滩段洪、中、枯水期动力轴线的变化和沿程流速、比降或水面线的变化。

4.7.2 整治沙质浅滩应掌握其成滩原因、上游来水来沙情况、出现冲刷和淤积的水位,分析河岸、洲滩和航槽的年际年内变化规律,分析上下游河势变化、其他工程设施和沙石开采活动等对本滩的影响。

4.7.3 整治过渡段浅滩,应固定和加高边滩,调整航道流速,集中水流冲刷航槽。具体工程措施应符合下列规定。

4.7.3.1 整治正常过渡段浅滩,宜根据浅段长短、边滩高低及完整程度,在一侧或两侧布置不同数量的丁坝,特殊情况下也可采用顺坝。丁坝群的首座和末座宜分别靠近上深槽末端和下深槽首端。

4.7.3.2 整治交错过渡段浅滩,宜在过渡段两侧建适当数量的丁坝,规顺流路,上深槽尖潭和下深槽沱口可酌情予以封堵。当过渡段处于河道的顺直放宽段时,除在过渡段布置丁坝外,也可采用适当方式固定和加高上下边滩,堵塞窜沟,稳定深泓走向,应使河道在整治水位时成为微弯形态。

4.7.3.3 整治复式过渡段浅滩,应根据中间深潭容积大小及发展趋势,按双向过渡或单向微弯过渡,在一岸或两岸合理设置丁坝群。当边滩变化较大或过于低平时,应予固定和加高。

4.7.3.4 整治蜿蜒河段交错过渡段浅滩和复式过渡段浅滩,尚应考虑上下弯道的局部护岸。

4.7.4 整治弯道浅滩,应规顺岸线,调整过小的弯曲半径。具体工程措施应符合下列规定。

4.7.4.1 岸线不规整的弯道浅滩,可采取切嘴或建丁坝群等措施平顺岸线。对抗冲性能较差的弯道凹岸,尚应辅以必要的护岸。

4.7.4.2 弯道过分发育,弯顶产生撇弯切滩,或凸岸边滩侵入航道,可在凹岸布置整治建筑物,必要时应疏浚凸岸边滩浅区。当需要裁弯取直时,应进行充分论证或模拟试验研究。

4.7.5 整治汊道浅滩,应在慎重选汊的前提下,采取工程措施稳定或调整汊道间的分流比,改善通航汊道的通航条件,并应符合下列规定。

4.7.5.1 通航汊道的选择,应考虑汊道的稳定性和发展趋势、通航水流条件、分流比和分沙比、与城镇工业交通水利布局的关系、工程投资等,通过综合分析比较确定。

4.7.5.2 汊道浅滩中通航汊道的分流量能够满足要求时,宜采取固滩鱼嘴或护洲鱼嘴等措施稳定分流比;当分流量不能满足要求时,应在洲头修建分流鱼嘴,或在非设计通航汊道内修建锁坝,并结合其他整治建筑物,调整汊道分流比。

4.7.5.3 整治汊道进口段浅滩,应在保证所需流量前提下布置整治建筑物,稳定洲头,加高洲头边滩,调整流速分布。当河岸易于冲蚀时,尚应采取必要的护岸措施,稳定河势;当浅区不易冲刷时,宜同时进行疏浚。

4.7.5.4 整治汊道出口段浅滩,宜在一岸或两岸布置建筑物,并可根据需要建洲尾顺坝;当浅区不易冲刷时,宜同时进行疏浚。

4.7.5.5 整治汊道中部出现的浅滩,可参照整治单一河道的原则和方法布置整治建筑物,并应避免通航汊道分流比的明显减少。

4.7.5.6 整治因心滩低矮而形成的汊道浅滩,可采取固滩鱼嘴或两侧带短丁坝的顺坝等措施加高心滩;也可采用适当数量的丁坝使心滩与岸相连,固滩与堵汊并举。

4.7.6 整治散乱浅滩,应采取固滩、筑坝和护岸等措施改善滩槽形态,集中水流,稳定中枯水流路。具体工程措施应满足下列要求。

4.7.6.1 整治因边滩切割而形成的散乱浅滩,可按微弯线型规划整治线,建丁坝群加高和固定上下边滩,形成微弯、稳定的过渡段航槽。

4.7.6.2 整治因河岸和河床均不稳定而形成的散乱浅滩,应利用节点,顺应河势,统筹规划整治线。可采取建丁坝群和护岸措施,巩固、完善边滩和心滩,保护可以作为主导河岸的滩岸,必要时应结合新航槽的开挖,形成稳定的中枯水河槽。

4.7.7 整治支流河口浅滩,应采取适当的措施减小汇流角,改善汇流条件,增大浅区冲刷能力,具体工程措施应满足下列要求。

4.7.7.1 当支流无通航要求时,应按有利于冲刷干流浅区的原则,合理布置整治线和建筑物,必要时应采取措施减小汇流角,可在汇流处建导流顺坝。导流顺坝的整治水位应通过专题论证确定。

4.7.7.2 当干支流均有通航要求时,除应采取措施减小汇流角外,尚应根据支流汇入干流凹岸或凸岸、干支流相互顶托和滩槽分布等情况,统筹规划干支流整治线走向,合理布置整治建筑物。当汛期汇流口淤沙量较大时,宜适当提高整治水位,必要时应采取疏浚措施。

4.8 卵石浅滩整治

4.8.1 卵石浅滩整治的资料整理分析,除应符合第4.7.1条的规定外,尚应分析卵石的排列方式和紧密程度。

4.8.2 整治过渡段浅滩应按第4.7.3条的规定执行。当浅滩上浅下险时,可在下深槽沱口内建丁坝或潜坝,调整流速,改善流态。

4.8.3 整治弯道浅滩,可在凹岸适当部位建顺坝或下挑丁坝,平顺近岸水流,必要时应疏浚凸岸浅区，增大弯曲半径；也可建顺坝封闭弯槽，开挖直槽。

4.8.4 整治汊道浅滩除应符合第4.7.5条的规定外，尚应符合下列规定。

4.8.4.1 整治汊道进口段浅滩，宜建洲头顺坝，拦截横流，调整流向，并稳定洲头。当存在碍航流态时，也可建潜坝，改善流态。

4.8.4.2 整治汊道出口段浅滩，宜布置洲尾顺坝，必要时应在通航汊道加建丁坝。

4.8.4.3 当将枯水期分流比较小的支汊辟为枯水航道时，应经充分论证或模拟试验验证。

4.8.4.4 整治分汊河段两槽交替通航的淤沙浅滩，应查明淤沙浅滩开始冲刷的水位，可采取筑坝措施，提前冲刷淤沙航槽，抬高其开航水位，也可炸除、开挖非淤沙航槽，降低其封航水位。

4.8.5 整治支流河口浅滩应按第4.7.7条的规定执行。

4.8.6 整治峡口浅滩，宜以峡口壅水消退期淤沙开始冲刷的水位作为整治水位，布置整治建筑物，集中水流加速航道冲刷。有条件开辟新航槽作为过渡航道时，也可开挖新槽。

4.9 石质浅滩整治

4.9.1 整治无泥沙冲淤变化的石质浅滩，应进行滩段的流速、比降和流态等资料的分析；整治有泥沙冲淤变化的石质浅滩，尚应分析泥沙运动规律。

4.9.2 整治石质浅滩应根据有无泥沙冲淤变化情况，采取开槽或筑坝措施。

4.9.2.1 在无泥沙冲淤变化的石质浅滩上开槽，应合理确定开挖断面的形式和纵坡，并与上下深槽平顺衔接，避免进出口处出现横流和急流。

4.9.2.2 整治有泥沙冲淤变化的石质浅滩，宜按中枯水流向，合理确定航槽走向。除采取炸礁开槽措施外，必要时可通过筑坝增大输沙能力。

4.9.3 石质浅滩开挖后，当水面降落造成不利影响时，宜在浅滩下游筑丁坝或潜坝壅水。

4.10 急滩和险滩整治

4.10.1 急滩和险滩整治设计的资料收集除应符合第3.2节的规定外，尚应补充下列资料：

(1)成滩期现行航线及拟开辟航线上的比降和流速，碍航流态类别、位置、范围和强度等观测资料；

(2)设计船型、设计船队的航迹和航速资料；

(3)船舶绞滩、助推助拖上滩、海损事故的调查分析资料；

(4)溪口急滩溪沟内山洪来石量及相应水文条件的调查和观测资料；

(5)卵石急滩卵石输移带位置及走沙期水文资料。

4.10.2 急滩和险滩成滩期的上限水位、下限水位和最汹水位，应根据滩险在各级水位下的碍航情况确定。

4.10.3 急滩整治应优先采取清礁或疏浚措施扩大滩口过水断面、筑坝或填槽改变河床断面形态等措施，调整航线上的流速分布和比降，满足船舶自航上滩的流速、比降要求。

当整治工程量过大时,也可采取构成错口滩型或延长错口长度、拓宽缓流航槽等方法进行整治。

4.10.4 急滩整治应满足船舶在整治河段的设计最高通航水位以下自航上滩。受条件限制时,也可采用整治与助推助拖相结合,或通过综合分析确定经济合理的上限通航流量。

4.10.5 船舶自航上滩允许的比降和流速,可通过实船试验、船模试验或分析计算确定。

4.10.6 急滩整治设计,应进行整治前后水面线和断面流速分布计算,预测整治后航线上的流速、比降及其对上游河段的影响,对上游河段有不利影响时,应采取措施消除不利影响。

4.10.7 急滩整治开挖线的布置、开挖断面形式及需扩大的面积应采用数值模拟计算进行多方案比较确定,计算整治前后比降及断面流速分布的变化。滩势复杂或跌水较大的急滩,必要时应通过河工模型试验和船模试验确定整治方案。

4.10.8 急滩整治开挖线的布置应符合下列规定。

4.10.8.1 开挖线的布置应尽量满足开挖区不产生回淤,有利于整治后航线的平顺衔接,开挖线不应与水流方向形成较大交角。

4.10.8.2 以拓宽或开辟缓流航道为主的整治,开挖线应布置在有缓流的一岸。

4.10.8.3 以扩大过水断面、减缓流速和降低比降为主的整治,开挖线宜布置在主流偏向的一岸。

4.10.8.4 以构成错口滩型为主的整治,开挖线布置宜采取切除上突嘴的下游部分、下突嘴的上游部分,延长错口长度。

4.10.8.5 成滩水位变幅较大的急滩,开挖线的布置应适应不同水位期的航行需要,必要时可在不同高程上布置多条开挖线。

4.10.9 急滩整治开挖横断面和开挖区底部纵坡(图4.10.9)应符合下列规定。

4.10.9.1 横断面稳定的边坡值可按表4.10.9选取。当需要扩大过水面积时,其边坡可缓于表中数值,必要时可采用变坡。

表4.10.9 横断面稳定边坡

岩石类别	基岩	块石	碎石	卵石
边坡	1:0.2~1:1.0	1:1.0~1:1.5	1:1.5~1:2.5	1:2.5~1:3.0

4.10.9.2 横断面底坡上需过船时,水下清礁根据清礁区宽度宜采用平坡或台阶式,陆上炸礁宜采用单一坡度,根据地形、地质条件和整治工程的需要也可采用变坡。中、洪水急滩采用斜底坡时,底坡不宜缓于1:6。

4.10.9.3 横断面底坡上需过船时,开挖线的高程应充分考虑船舶过滩动吃水的影响。

4.10.9.4 中、洪水急滩开挖线的纵坡,当底坡上不过船时宜与开挖线相同高程时的水面纵比降相一致,当底坡上需过船时宜与最低可通航水位时的水面纵比降相一致。枯水急滩开挖线的纵坡宜与设计最低通航水位时的水面纵比降相一致。

4.10.10 基岩急滩的整治应符合下列规定。

4.10.10.1 对口型突嘴急滩,可采用切除一岸或同时切除两岸突嘴,扩大过水断面,减缓流速与比降。

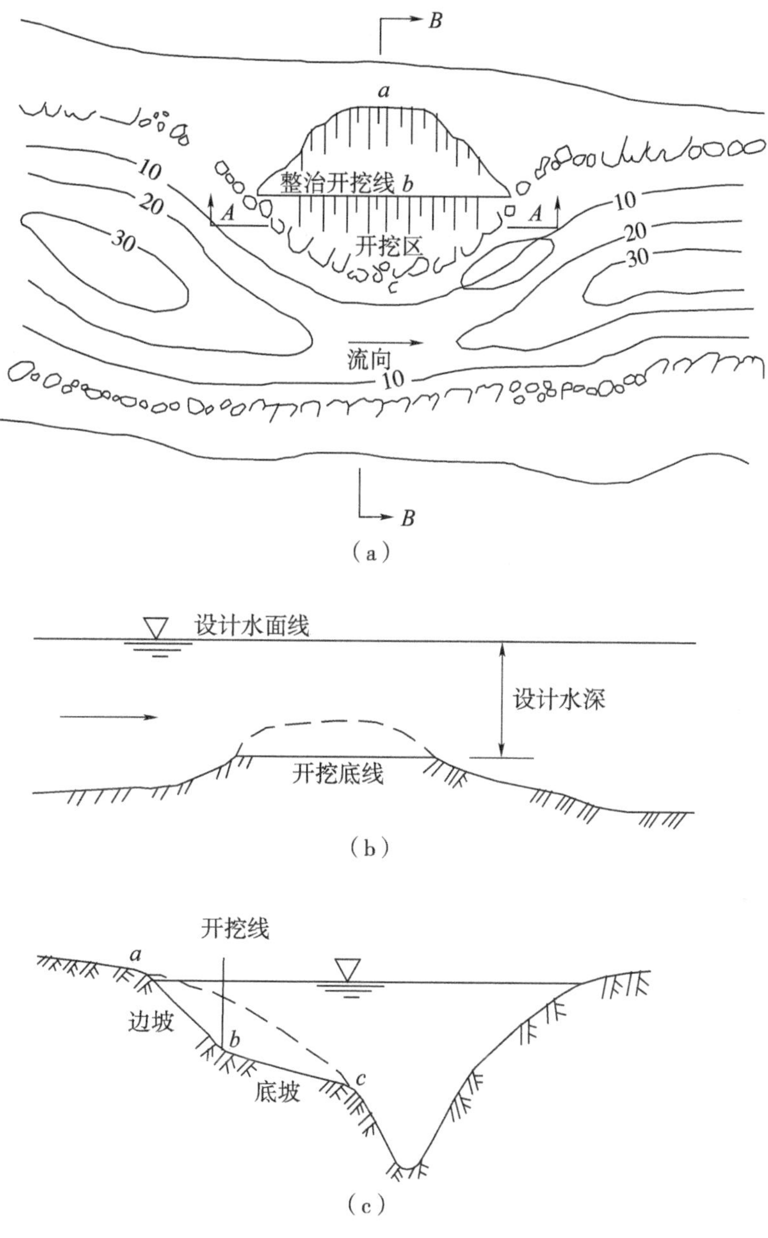

图 4.10.9 急滩整治开挖示意图

(a)开挖线布置;(b)开挖纵断面 A - A;(c)开挖横断面 B - B

4.10.10.2 错口型突嘴急滩,在通过切除突嘴满足船舶自航上滩的炸礁工程量过大时,也可根据突嘴的分布位置和形态,切除部分突嘴,延长错口长度,利于船舶交替利用两岸缓流上滩。

4.10.10.3 多个突嘴相临近的急滩整治,可根据各突嘴间的相互影响,参照对口型和错口型突嘴急滩的整治方法确定各突嘴的切除方案,必要时进行模型试验。

4.10.10.4 错口滩型的错口长度(图 4.10.10)可采用下列公式计算:

$$D = L + L_{b} + L_{a} \tag{4.10.10-1}$$

$$L_{a} = B\frac{V_{f} - KU\cos\theta}{KU\sin\theta} \tag{4.10.10-2}$$

$$K=\sqrt{\frac{T_0-WJ}{T_0}} \tag{4.10.10-3}$$

式中 D——错口长度(m);

L——船舶或船队的长度(m);

L_b——船尾至下突嘴的安全距离(m);

L_a——与船舶横渡航宽 B 相应的纵向距离(m);

B——滩口有效航行宽度(m);

V_f——滩口有效航行宽度范围内的表面平均流速(m/s);

U——船舶的静水航速(m/s);

θ——航向与流向的交角,取15°;

K——航速折减系数;

T_0——相应于船舶静水航速的推力(N);

W——船舶或船队的总排水量(N);

J——滩口水面比降。

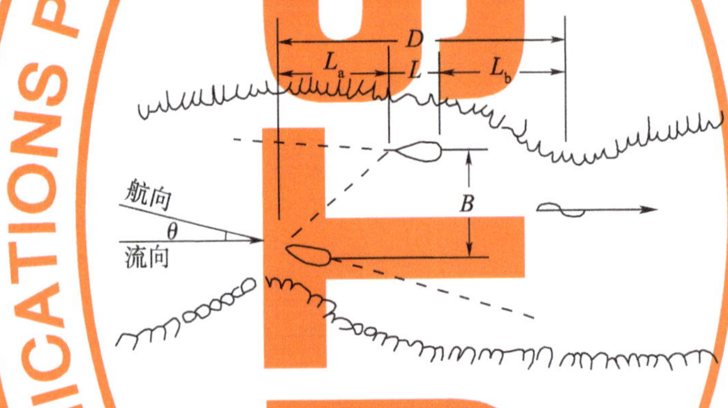

图4.10.10 错口长度示意图

4.10.10.5 窄槽型急滩和潜埂型急滩宜采用清礁措施,扩大过水断面,枯水急滩在下游有条件筑坝时可筑坝壅水,减缓滩口流速和比降。

4.10.11 崩岩急滩和滑坡急滩的整治除应执行基岩急滩整治的有关规定外,还应符合下列规定。

4.10.11.1 应考虑滑坡体的稳定性,开展工程地质调查,进行稳定计算。当需采用爆破措施时,应根据滑坡体的监测成果和稳定计算,限制每次起爆的最大用药量。

4.10.11.2 开挖区宜选择在非滑坡一岸。当必须整治滑坡区一岸时,开挖区整治线布置和整治断面形状,应结合改善通航条件及有利滑坡体稳定进行综合论证。滩势复杂、碍航严重的崩岩急滩和滑坡急滩整治,开挖区选择、整治线布置和整治断面形状等应通过模型试验确定。

4.10.11.3 对相对稳定的崩岩和滑坡区,断面形式宜设计成宽浅型复式断面,边坡宜采用缓坡折线式或阶梯式。

4.10.11.4 对稳定性较差的崩岩和滑坡区,必要时可采取削坡减载、抗滑桩、锚杆和支挡、在滑坡区外围设截流沟、在滑坡区布置排水系统等防治措施。

4.10.11.5 大型崩岩急滩和滑坡急滩整治宜按初期整治和后期整治分期进行。初期整治可先采用水下清礁开挖等措施，减缓急险程度，实现助推助拖上滩。后期整治应以稳定滑坡体和改善通航为主。

4.10.12 溪口急滩的整治，除应按基岩急滩的有关规定执行外，还应符合下列规定。

4.10.12.1 溪沟内有筑坝条件，并能容纳5年以上溪沟山洪来石量时，可采用溪沟内筑栅栏坝拦石的方案，来石量较大或库容不够时，可采用多级拦石坝。

4.10.12.2 溪沟口下游有可容纳5年以上溪沟来石量的深沱区，沟口有适宜筑坝实施溪口改道的条件时，可在溪沟口建导流坝，将溪沟内来石导向滩下深沱。导流坝应建在基岩或坚固的基础上，宜避开山洪的直接顶冲。当溪口改道无天然的沟槽可利用时，可开挖导流沟。

4.10.13 卵石急滩的整治应符合下列规定。

4.10.13.1 整治河床较稳定的卵石急滩，应采用整治与疏浚相结合的方法，扩大滩口过水断面，调整滩口河床形态。有条件的滩段，可在两岸布置错口丁坝，使船舶能交替利用缓流上滩。

4.10.13.2 整治年内或年际有一定变化的卵石急滩，在扩大滩口过水断面的同时，应根据卵石输移等情况，布置适当型式的建筑物引导水流，改变卵石输移线路，减少滩段航槽淤积。

4.10.14 连续急滩的整治，应全面统筹考虑，根据滩段中滩口的分布情况，采取疏浚开挖与筑坝壅水相结合的工程措施，分散水面的集中落差，减缓流速比降。通过整治无法达到全部消除绞滩的连续急滩，可通过整治使较大的流速和比降相对集中到一处，变多绞为单绞。

4.10.15 分汊河段急滩的整治，应考虑整治后汊道分流比的变化，当通航汊道开挖后，分流比增大，产生流速和比降相应增大的负效应时，应在非通航汊道采取适当的分流措施。通航汊道进口段航槽平面开挖线布置，可采取喇叭形，便利船舶安全进槽。

4.10.16 险滩整治应根据碍航特性和河床形态，采取炸礁、筑坝、填槽和疏浚等工程措施，拓宽和加深航道，增大弯曲半径，消除或改善不良流态。

4.10.17 礁石险滩的整治应合理布置航槽线，采取炸礁或筑坝措施，改善流态，增大航道尺度。航槽内礁石的炸礁底高程应考虑船舶动吃水增大等因素适当加大富裕水深，并宜结合远期规划的航道水深，一次整治到位。航槽边缘形成碍航流态的礁石，可采取清礁或修建顺坝，平顺水流。

4.10.18 急弯险滩的整治应符合下列规定。

4.10.18.1 整治急弯险滩，应加大航道宽度或弯曲半径，消除或改善扫弯水和回流等不良流态，满足船舶船队安全航行的要求。

4.10.18.2 单一河道中的急弯险滩可采取下列整治措施：

(1)挖除部分凸岸边滩，加大航道弯曲半径，必要时在凹岸深槽填槽或建潜坝，调整河床断面形态，改善水流条件；

(2)当凹岸有突嘴挑流时，在突嘴上游建丁坝或丁顺坝，将主流挑出突嘴，减缓扫弯

水、泡漩水等不良流态;

(3)两岸有突出石梁交错的急弯险滩,以整治凸岸石梁为主。

4.10.18.3 分汊河道内的急弯险滩,可采取下列整治措施:

(1)在汊道进口处建洲头顺坝或开挖洲头突出的浅嘴,减弱冲向凹岸的横流;

(2)在汊道出口处建洲尾顺坝,拦截横流,必要时在凹岸建顺坝或丁坝;

(3)废弃老槽、另辟新槽,或上下行船舶分槽航行。

4.10.19 泡漩险滩的整治应符合下列规定。

4.10.19.1 河心礁石或岸边突出石梁形成的泡漩险滩,可炸除礁石或石梁平顺水流,调整河底水流结构。

4.10.19.2 凹岸突出岩嘴形成的泡漩险滩,可根据河道宽窄情况,分别采用在岩嘴上游建丁顺坝或潜坝的措施,必要时可切除凹岸边滩突嘴。

4.10.19.3 汊道进口处洲头主流顶冲河岸形成的泡漩险滩,可建洲头顺坝,调顺进口段主流流向,消减泡漩水。

4.10.20 滑梁水险滩的整治应符合下列规定。

4.10.20.1 整治滑梁水险滩,应分析滑梁水成因和碍航程度,并查明碍航期流速、比降、横流方向及强度,石梁上水深及对船舶安全航行的影响。

4.10.20.2 整治一岸石梁形成的滑梁水险滩,可将石梁炸低至成滩的下限水位以下,或在石梁上建顺坝,其坝顶高程高于成滩上限水位。

4.10.20.3 整治两岸石梁均有滑梁水的险滩,应采取措施消除一岸滑梁水,可炸低石梁或石梁上建顺坝,使船舶可避开另一岸滑梁水航行。

4.10.21 急、浅、险复合型滩险的整治,应根据各碍航部位的特性及相应关系,上下兼顾,采取不同的工程措施。对于复杂的复合型滩,应采用物理模型或数值模拟计算研究确定工程方案。复合型滩险的整治尚应符合下列规定。

4.10.21.1 上浅下险的复合型滩险,在治理上段浅滩时,应充分考虑因上段航槽水流集中对下段险情的负面影响,适当加大对下段险滩段的治理力度。

4.10.21.2 上浅下急的复合型滩险,在采用扩大过水断面方法治理下段急滩段时,应验算对上段浅区水面降落的影响,适当调整上段浅滩治理的整治参数。

4.10.21.3 沿程急、险段交替的复合型滩险,应考虑急险段的分布状况,碍航程度及相互影响,进行多方案分析比较,综合治理。

4.11 工 程 布 置

4.11.1 丁坝布置应符合下列规定。

4.11.1.1 平原河流丁坝宜正交或下挑布置,丁坝群首座丁坝可下挑布置;山区河流的卵石滩宜布置成下挑丁坝、带勾头的正交或下挑丁坝。

4.11.1.2 为抬高水位、调整比降布置的对口丁坝、护岸的短丁坝和加高心滩与顺坝相连的短丁坝,宜与水流正交。

4.11.1.3 丁坝群中的两坝间距可按表4.11.1取值。当整治线方向与洪水主流向夹角较大或有流冰时,丁坝间距可适当缩小。

表 4.11.1 丁坝间距

所处位置	凸岸	凹岸	顺直段
一般丁坝	(1.5~3.0)L	(1.0~2.0)L	(1.2~2.5)L
护岸丁坝	—	(0.8~2.0)L	—

注:L为上一座丁坝在过水断面上的有效投影长度。

4.11.1.4 顺坝内侧的格坝间距可按凸岸丁坝间距确定。

4.11.2 顺坝布置应符合下列规定。

4.11.2.1 导流顺坝轴线应与整治线走向一致,可根据需要布置为直线或平缓曲线;坝头宜接近下深槽,并保持水流平顺。

4.11.2.2 以拦截横流为主的洲头与洲尾顺坝宜沿洲脊线布置,与江心洲地形平顺衔接。

4.11.2.3 调整山区河流过分凹入河弯或引导主流从一岸过渡到另一岸,可采用丁顺坝。

4.11.3 锁坝应根据地质、地形和水流条件进行布置,并应符合下列规定。

4.11.3.1 平原河流上的锁坝,宜建在汊道的中、下段,并与汊道的主流向正交;当汊道的水面落差超过0.8m时,宜分别在汊道的中上段和中下段建锁坝。

4.11.3.2 山区河流上的锁坝,宜建在汊道的上、中段。

4.11.4 鱼嘴可分为固滩鱼嘴、护洲鱼嘴和分流鱼嘴,其布置应符合下列规定。

4.11.4.1 鱼嘴分流点位置的确定应有利于两汊分流比的调整。

4.11.4.2 固滩鱼嘴和护洲鱼嘴的平面线型应依附洲滩,顺应自然条件,以曲度适中的曲线光滑连接。

4.11.4.3 分流鱼嘴可根据工程的需要布置为圆头型或尖嘴型,其平面外形可部分依附于洲滩,也可全部由导堤或坝体组成。

4.11.4.4 分流鱼嘴的位置、线型和尺度,宜根据整治要求通过模型试验确定。

4.11.5 护岸工程的布置应符合下列规定。

4.11.5.1 对可能造成航道条件不利变化的自然崩岸和布置整治建筑物后河岸可能受冲的部位宜布置护岸工程。

4.11.5.2 护岸工程宜连续平顺布置;当护岸段较长而河岸抗冲性能相对较好时,经论证可间断平顺布置。

4.11.5.3 当局部岸线不规则时,可采用短丁坝护岸,丁坝间距以主流不冲刷河岸为原则确定。

4.11.6 护滩建筑物可采用整体、整片、条状间断、连续守护等布置方式,根据滩体情况可按照下列方式分别或组合使用:

(1)当心滩面积小、整体受冲时,采用整体守护;

(2)对于面积较大的滩体,对受顶冲的头部采用整片守护,其他部位垂直水流采用条状间断守护,条间距根据守护部位的冲刷强度布置;

(3)对以侧蚀为主的滩体,沿受冲一侧采用顺水流方向的连续守护方式。

4.11.7 挖槽布置应符合下列规定。

4.11.7.1 **挖槽的位置应避开泥沙严重淤积区,并与整治线相协调。**

4.11.7.2 挖槽与中枯水主流向的交角不宜大于15°。

4.11.7.3 短挖槽可用直线连接上下深槽,长挖槽可用折线构成微弯形与上下深槽平顺衔接。

4.11.7.4 挖槽的进口段可拓宽成喇叭形,平原河流的挖槽出口段宜适当加深。

4.11.8 弃土和弃渣处理应符合下列规定。

4.11.8.1 疏浚弃土可用于筑坝和填塞支汊、坝田,调整河床形态。

4.11.8.2 弃渣宜用于筑坝或填槽,改善水流条件。

4.11.8.3 无直接利用的条件时,可抛置于不影响通航的深槽区,并应避免污染环境。

5 沿海及潮汐河口航道

5.1 一般规定

5.1.1 沿海及潮汐河口航道设计应掌握水流动力条件、风浪、含盐度、泥沙、地形、地质条件和河床边界条件等因素，并综合上述因素进行多方案技术经济比选。

5.1.2 航道选线应全面分析当地自然资料，并应对海床稳定性、船舶通航安全等进行论证。涉及疏浚的工程，尚应论证可挖性与可维护性，评价疏浚土可利用性并提出处置方案。

5.1.3 通航条件复杂的航道工程，宜通过船舶操纵模拟试验研究确定航道的布置和尺度。

5.1.4 对淤泥质航道，在保证船舶航行安全的基础上，经论证，可利用适航水深。

5.2 航道建设规模及标准

5.2.1 航道建设规模应根据货运量、船型、船流密度、自然条件和港口发展状况等因素，经技术经济论证后确定，并根据实际情况确定是否分期实施。

5.2.2 航道设计船型应根据设计水平年内货种情况、船舶实际运营情况及船型尺度、港口规划及规模、泊位情况等确定。

5.2.3 航道的通航标准应根据当地水文、气象条件的特点，结合通航要求确定，进港航道应与港口作业标准相协调。

5.2.4 航道的设计航速应根据设计船型、航道条件、通航环境、通航安全管理条件及工程经济性等综合分析确定。

5.2.5 航道通过能力应综合考虑设计水平年的交通流情况、自然条件、航道条件以及航道服务水平等因素，可采用排队论、经验估算等方法确定，必要时宜采用交通流模拟模型分析。

5.2.6 航道线数应根据航道通过能力满足船舶通行要求的程度，经技术经济论证确定。当货运量或船舶艘次超过航道的合理通过能力时，单线航道宜扩建为双线航道或多线航道。

5.2.7 当航道内船流密度较大，经论证有必要使大、小船或重载、空载船分道航行时，可采用复式航道。复式航道中，大船航道和小船航道的布设应根据航行方式、疏浚工程量等因素确定。

5.3 航道选线

5.3.1 航道轴线的布置宜与涨落潮潮流长轴方向和主浪向基本一致；涨落潮潮流方向与主浪向不一致时，航道轴线布置宜与当地泥沙输移的主要方向基本一致。

5.3.2 淤泥质和粉沙质海岸航道轴线布置应主要考虑涨落潮潮流长轴方向，沙质海岸航道轴线布置应主要考虑主浪向。

5.3.3 航道交叉区段内,各航道应避免转向。各航道间有互通船舶要求时,交叉水域的设计应满足船舶通视、转弯的安全要求。航道交叉水域宜设置警戒区。

5.3.4 受潮汐影响的河口航道,宜利用天然深槽。当需穿越河口浅滩时,应着重分析河流、海洋动力和泥沙对航道的影响,分析河口滩、槽的稳定性。必要时应通过模型试验,采取适当的工程措施。

5.3.5 港区进港航道与主航道连接段航道的布置应符合下列规定。

5.3.5.1 进港航道与主航道连接处应考虑通视条件,满足船舶安全操纵的要求。

5.3.5.2 连接段形式与尺度应根据设计船型及其通航密度、水流泥沙条件等因素确定。

5.3.5.3 多个分叉支航道与主航道连接时,交叉点的布置不宜过于集中。

5.4 设计通航水位及乘潮水位

5.4.1 设计通航水位应根据各类船型对通航保证率的要求、航道所在地区的潮汐特征和疏浚工程量等因素分析确定。通常情况下可取设计低水位或乘潮水位,并满足下列规定。

5.4.1.1 设计低水位应采用低潮累积频率 90% 的潮位或历时累积频率 98% 的潮位。

5.4.1.2 乘潮水位宜采用乘潮累积频率 90% 以上的乘潮水位。

5.4.1.3 对于通航液化天然气船舶及邮轮等的航道,通航水位可取理论最低潮面。

5.4.2 乘潮水位应根据需要乘潮的船舶航行密度、航行持续时间,结合所在地区潮汐特征、航道沿程潮位过程和疏浚工程量等因素合理确定,并应符合下列规定。

5.4.2.1 每潮次船舶乘潮进出航道所需的持续时间应为每潮次船舶通过航道的持续时间,包括船舶间追踪航行的间隔时间,且应考虑时间富裕系数,取 1.1 ~1.3。

5.4.2.2 单一潮位站的乘潮水位应按现行行业标准的有关规定进行统计,且应有一年以上的实测潮位资料。乘潮水位可取与每潮次船舶乘潮进出航道所需的持续时间相对应的乘潮累积频率 90% ~95% 的水位;对通行大型船舶次数较少的航道,乘潮累积频率可适当降低。

5.4.2.3 当潮位受气象影响季节性变化较大时,对所选用的乘潮水位,应核算低水位月份的航道通过能力及其对港口正常营运的影响。

5.4.3 在水流条件变化可以预测的水域,当避开对船舶航行最不利的时段,对船舶安全明显有利且工程投资较为节省时,可选择以某一流速对应的延时作为通航时段。

5.5 航 道 尺 度

5.5.1 单向和双向航道通航宽度宜按式(5.5.1-1) ~式(5.5.1-3)计算。当航道较长、自然条件较复杂或船舶定位较困难时,可适当加宽;当自然条件和通航条件较有利时,经论证可适当缩窄。

单向航道

$$W = A + 2c \quad (5.5.1\text{-}1)$$

双向航道

$$W = 2A + b + 2c \quad (5.5.1\text{-}2)$$

$$A = n(L\sin\gamma + B) \quad (5.5.1\text{-}3)$$

式中 W——航道通航宽度(m);

A——航迹带宽度(m);

c——船舶与航道底边间的富裕宽度(m),按表5.5.1-1的规定选用;

b——船舶间富裕宽度(m),取设计船宽B,当船舶交会密度较大时,船舶间富裕宽度可适当增加;

n——船舶漂移倍数,按表5.5.1-2的规定选用;

L——设计船长(m);

γ——风、流压偏角(°),按表5.5.1-2的规定选用;

B——设计船宽(m)。

表5.5.1-1 船舶与航道底边间的富裕宽度 c

项目	杂货船或集装箱船		散货船		油船或其他危险品船	
航速(kn)	≤6	>6	≤6	>6	≤6	>6
c(m)	0.50B	0.75B	0.75B	B	B	1.50B

注:对于坚硬粘性土、密实砂土及岩石底质等硬质底质和边坡坡度大于1:2情况下的航道,船舶与航道底边间的富裕宽度c应适当增大。

表5.5.1-2 船舶漂移倍数 n 和风、流压偏角 γ 值

风力	横风≤7级				
横流流速 V(m/s)	V≤0.10	0.10<V≤0.25	0.25<V≤0.50	0.50<V≤0.75	0.75<V≤1.00
n	1.81	1.75	1.69	1.59	1.45
γ(°)	3	5	7	10	14

注:①当斜向风、流作用时,可近似取其横向投影值查表;

②考虑避开横风或横流较大时段航行时,经论证,航迹带宽度可进一步缩小。

5.5.2 航道底边线与船舶可能触碰的建筑物、岛礁等之间应有一定的安全距离。安全距离的确定可根据建筑物的结构型式、岛礁水下部分的形态及其航行安全需要综合确定。必要时,可采用船舶操纵模拟试验分析论证船舶通过以上水域的安全性。

5.5.3 对液化天然气船舶通行的航道,通航宽度除满足上述规定外,尚应满足不小于5倍设计船宽的要求。当液化天然气船舶需与其他船舶交会时,航道有效宽度应通过专项论证确定。

5.5.4 当影响航道尺度的因素复杂时,航道通航宽度应进行船舶操纵模拟试验验证,必要时可结合实船观测等方式确定航道通航宽度。

5.5.5 航道通航水深和设计水深应根据设计船型吃水、船舶航行下沉量、波浪产生的垂直运动、航道底质、水体密度、回淤强度、维护周期等因素确定,并符合下列规定。

5.5.5.1 航道通航水深和设计水深可按下列公式计算:

$$D_0 = T + Z_0 + Z_1 + Z_2 + Z_3 \tag{5.5.5-1}$$

$$D = D_0 + Z_4 \tag{5.5.5-2}$$

式中 D_0——航道通航水深(m);

T——设计船型满载吃水(m),对杂货船可根据实际情况考虑实载率对设计船型吃水的影响;

Z_0——船舶航行下沉量(m),对于非限制性航道按图5.5.5的规定选用;

Z_1——航行时龙骨下最小富裕深度(m),按表5.5.5-1的规定选用;

Z_2——波浪富裕深度(m),按表5.5.5-2的规定选用;

Z_3——船舶装载纵倾富裕深度(m),杂货船和集装箱船可不计,油船和散货船取0.15m,滚装船可按表5.5.5-3的规定选用;

D——航道设计水深(m),即疏浚底面对于设计通航水位的水深;

Z_4——备淤深度(m),应根据两次挖泥间隔期的淤积量计算确定,对于不淤航道,可不计备淤深度;有淤积的航道,备淤深度不宜小于0.4m。

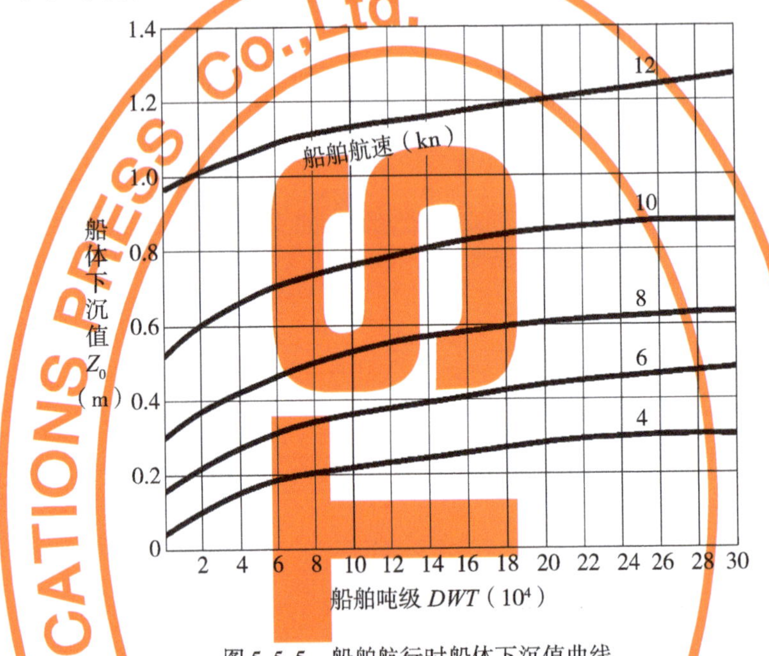

图5.5.5 船舶航行时船体下沉值曲线

表5.5.5-1 航行时龙骨下最小富裕深度 Z_1(m)

土质特性 \ 船舶吨级(t)	DWT<5000	5000≤DWT<10000	10000≤DWT<50000	50000≤DWT<100000	100000≤DWT<300000
淤泥土、软塑、可塑性土、松散沙土	0.20	0.20	0.30	0.40	0.50
硬塑粘性土、中密砂土	0.30	0.30	0.40	0.50	0.60
坚硬粘性土、密实砂土、强风化岩	0.40	0.40	0.50	0.60	0.70
风化岩、岩石	0.50	0.60	0.60	0.80	0.80

表5.5.5-2 船、浪夹角 ψ 与 $Z_2/H_{4\%}$ 的变化系数值

Ψ(°)	0 (180)	10 (170)	20 (160)	30 (150)	40 (140)	50 (130)	60 (120)	70 (110)	80 (100)	90 (90)
$Z_2/H_{4\%}$ ($\overline{T}$≤8s)	0.24	0.32	0.38	0.42	0.44	0.46	0.48	0.49	0.5	0.52
$Z_2/H_{4\%}$ ($\overline{T}$=10s)	0.55	0.65	0.75	0.83	0.90	0.97	1.02	1.08	1.10	1.15

注:①当 DWT<10000t 时,表中数值应增加25%;

②当波浪平均周期 8s<$\overline{T}$<10s 时,可内插确定 $Z_2/H_{4\%}$ 的取值;

③当波浪平均周期$\overline{T}$≥10s 时,应对 Z_2 值进行专门论证。

表 5.5.5-3 滚装船配载不均而增加的船尾吃水值 Z_3

船舶吨级		Z_3(m)
DWT(t)	*GT*(t)	
≤1000	≤3000	0.30
>1000	>3000	0.20

注：划分船舶吨级时，货物滚装船采用 *DWT*、汽车滚装船和客货滚装船采用 *GT*。

5.5.5.2 对于以骤淤回淤为主的航道，应综合考虑骤淤发生的规律、船舶类型、通航密度及工程量等，根据港口营运需要和工程经济合理性，确定航道设计的骤淤重现期标准。当骤淤强度沿航道变化较大时，宜沿航道确定不同的骤淤备淤深度。

5.5.5.3 航道设计时，应考虑当船舶由海域进入河口水域后水的密度对船舶吃水的影响。

5.5.6 当自然资料不足时，航道所需通航水深也可按下式估算：

$$D = kT \tag{5.5.6}$$

式中 D——航道设计水深(m)；

k——系数，有掩护水域可取 1.1～1.2，开敞水域可取 1.2～1.3；

T——设计船型满载吃水(m)。

5.5.7 航道转弯段弯曲半径 R 和加宽方式应根据转向角 ϕ 和设计船长 L 确定，复杂情况宜通过船舶操纵模拟试验确定，并应符合下列规定。

5.5.7.1 当 $\phi \leqslant 10°$ 时，可不考虑转弯段圆弧过渡，航道内外边线可直接相交。

5.5.7.2 当 $10° < \phi \leqslant 30°$ 时，$R = (3 \sim 5)L$，宜采用切角法(图 5.5.7a)加宽，当水域狭窄，切角困难时，经论证可采用折线切割法(图 5.5.7b)加宽。

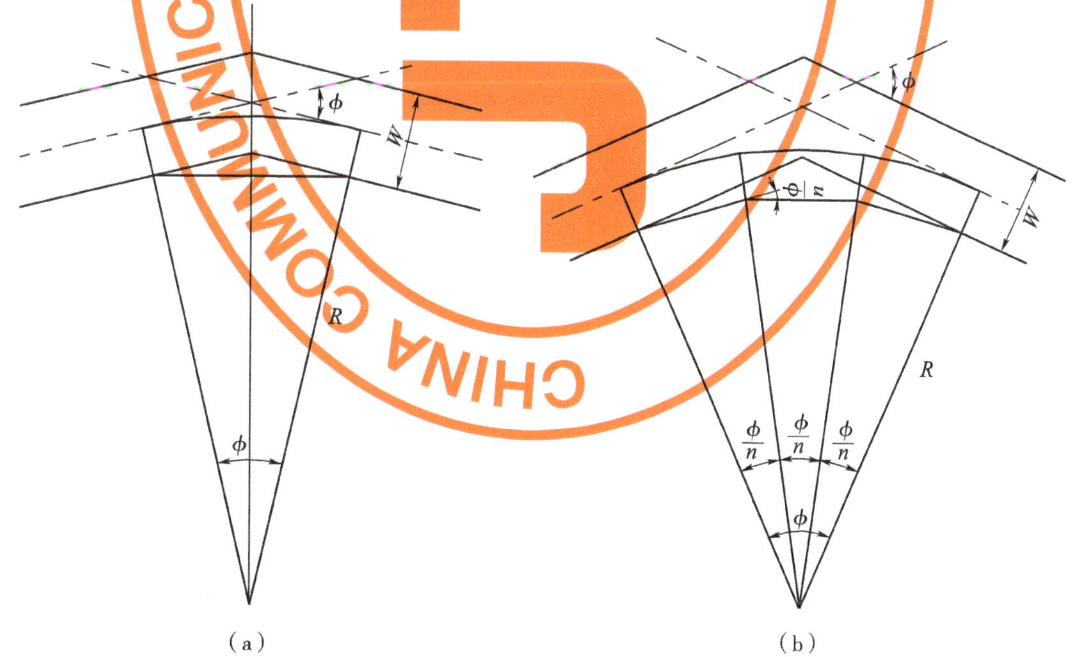

图 5.5.7 航道转弯加宽示意图

(a)切角法；(b)切割法

n-航道转弯处采用折线切割法加宽的等分析线段数

5.5.7.3 当30°<ϕ<60°时,$R=(5\sim10)L$,可采用折线切割法加宽。

5.5.7.4 当ϕ>60°时,$R>10L$,可采用折线切割法加宽。有条件时,航道弯曲半径和转弯段加宽方案可采用船舶操纵模拟试验验证。

5.5.8 不同岩土类别航道边坡坡度可参照表5.5.8确定。对情况复杂的航道边坡应通过试验或按类似岩土特性和水文条件的现有航道确定。当航道开挖较长且岩土特性有明显区别时,可根据实际情况分段采用不同边坡坡度。当航道开挖较深且岩土特性有明显区别时,可采用变坡度设计。

表5.5.8 不同岩土类别航道边坡坡度

岩土类别	岩土名	状态	岩土有关指数				边坡坡度
			标准贯入击数N	天然重度(kN/m^3)	天然含水率ω(%)	孔隙比e	
淤泥土类	流泥	流态	—	<14.9	85<ω≤150	e>2.4	1:25~1:50
	淤泥	很软	<2	<16.6	55<ω≤85	1.5<e≤2.4	1:8~1:25
	淤泥质土	软	≤4	≤17.6	36<ω≤55	1.0<e≤1.5	1:3~1:8
粘性土类	粘土	中等	≤8	≤18.7	—	—	1:2~1:3
	粉质粘土	硬 坚硬	≤15 >15	≤19.5 >19.5	—	—	
	粘质粉土	软 中等	≤4 ≤8	≤17.6 ≤18.7	—	—	1:3~1:8
		硬 坚硬	≤15 >15	≤19.5 >19.5	—	—	1:1.5~1:3
砂土类	砂质粉土	极松 松散	≤4 ≤10	≤18.3 ≤18.6	—	—	1:5~1:10
		中密 密实	≤30 >30	≤19.6 >19.6	—	—	1:2~1:5
	粉砂、细砂、中砂、粗砂、砾砂	极松 松散	≤4 ≤10	≤18.3 ≤18.6	—	—	1:5~1:10
		中密 密实	≤30 >30	≤19.6 >19.6	—	—	1:2~1:5
岩石类	软质岩石	R_c<30MPa					1:1.5~1:2.5
	硬质岩石	R_c≥30MPa					1:0.75~1:1.0

注:①R_c——单轴饱和抗压强度(MPa);

②对粘质粉土和砂质粉土,当航道开挖深度超过5m时可采用相对较陡的航道边坡数值;

③通常情况下有掩护航道和开敞航道边坡坡度可不考虑波浪和水流作用的影响;但对有强浪和强流作用的开敞航道边坡坡度宜适当放缓。

5.5.9 当航道较长时,航道设计除符合一般性规定外,还应考虑下列因素:

(1)深度基准面的变化;

(2)沿程潮位变化和潮波传播的影响,根据多个潮位站的潮位资料分析计算乘潮历时与乘潮水位,分别计算进、出港两个方向的乘潮历时和乘潮水位;

(3)当航道沿程深槽与浅滩相间时,结合船舶航行要求及潮汐变化情况,确定各区段航道设计深度;

(4)在保证通航安全的前提下,论证设置候潮锚地、会船区、追越区的必要性;

(5)长航道各段水流、波浪等通航条件不同时,应对航道尺度分段计算。

5.5.10 跨航道的桥梁、电缆和穿越航道的海堤管线、隧道等工程的净高、净宽和埋深的确定应符合下列规定。

5.5.10.1 桥梁或电缆的通航净高、净宽应满足航道发展规划技术等级和通航船型尺度要求。具体参数取值应符合国家现行有关标准的规定。

5.5.10.2 穿越航道的水下电缆、管道、涵管和隧道等应埋置于海床内,埋深不应小于航道发展规划航道底高程以下2m。必要时,还应分析所在海床的稳定性和冲淤变化,并根据最大可能冲刷深度、受力要求等论证后确定埋置深度或增加防护措施。

5.6 潮汐河口航道整治

5.6.1 潮汐河口演变应着重分析潮汐性质、径流和潮流相互作用,并应根据近期实测资料进行下列分析:

(1)根据流域来水来沙的多年变化,尤其是大洪水和不同季节上游来水来沙、潮位、流速和流量变化,分析塑造整治段河床的主要动力因素,确定整治段潮波的性质;

(2)根据整治段盐水和淡水混合的程度确定其类型;

(3)整治河段水流动力轴线、河床纵横向的年际和年内冲淤变化及洪、枯季河床质的粒径变化;

(4)整治河段的风况和波浪等特征。

5.6.2 河口潮流段和口外海滨段的浅滩和河口拦门沙浅滩的整治,应根据其成因和水沙特性,采取不同的整治工程措施。

5.6.3 有航运要求的潮汐河口,不宜建挡潮闸。必须建挡潮闸时,应进行充分论证,并采取必要的工程措施满足通航要求。在河口上游建水库、水闸和在潮区界范围内围垦,均应论证对河口航道尺度的影响。

5.6.4 潮汐河口航道应根据河床边界条件,水文、风浪、泥沙、地质和河床演变等,通过技术经济论证和方案比选确定整治方案。自然条件复杂的潮汐河口航道,宜通过模拟研究论证、优选整治方案。

5.6.5 潮汐河口整治水位和整治线布置应通过分析潮汐特性、涨落潮动力条件和输沙条件,结合归顺涨落潮流路和改善航行条件等综合研究确定,并应符合下列规定。

5.6.5.1 潮汐河口航道的整治水位,在河口潮流段可采用洪、枯季大、中、小潮产生最大落潮流速时的平均水位,在口外海滨段且当整治建筑物兼有防浪或拦沙作用时可高于该水位。

5.6.5.2 河口潮流段航道整治线走向宜与落潮流主流向一致且其线形宜采用微弯形,

口外海滨段航道整治线走向宜与涨落潮主流向一致。

5.6.5.3 河口潮流段和口外海滨段航道整治线宽度应有一定的放宽率,其直线段的沿程整治线宽度可按下式计算:

$$B_2 = B_0(1+\Delta B)^x \tag{5.6.5}$$

式中 B_2——下游计算端的整治线宽度(m);

B_0——上游计算端的河宽(m);

ΔB——放宽率,根据优良河段资料反求或通过模型试验经综合论证确定;

x——河流轴线上游计算端和下游计算端之间的距离(km)。

5.6.6 整治潮汐河口航道,应利用涨落潮流的动力作用,采取疏浚、筑坝或两者相结合的措施,增加航道内的单宽流量,增加航道深度。

5.6.7 在潮汐河口设计挖槽时,应进行潮流、波浪和泥沙运动的分析论证,选取相对稳定的以落潮流为主的深槽为挖槽。在口外海滨段,当涨潮流占主导地位,并由此形成深槽时,应选取涨潮流主槽为挖槽。潮流与挖槽轴线的交角宜小于15°且不应大于30°。

5.6.8 潮汐河口航道疏浚的抛泥区宜选在开挖航槽的下游,并应避免涨潮流挟带弃土进入航槽造成回淤。

5.6.9 在洪、枯水流量变幅较大或风浪作用较强的潮汐河口,应分析洪水或风浪对航槽淤积的影响。

5.6.10 拦门沙航道设计应研究河口拦门沙的成因和演变规律,并应包括下列内容:

(1)水流动力分布情况;

(2)盐水和淡水混合情况,最大混浊带位置变化和泥沙特性;

(3)径流量和潮流量比值及变化;

(4)上游来沙、潮流输沙、波浪掀沙和沿岸输沙的情况;

(5)底质组成和底沙输移形态及对河口地形的影响。

5.6.11 河口拦门沙航道设计应根据历年地形图,比较分析其年际和年内洪、枯季的变化规律。

5.6.12 多汊道河口拦门沙航道的整治,宜选择河势稳定、落潮流动力强和分沙比小的汊道为主航道,采取双导堤和分流鱼嘴与疏浚相结合的工程措施,需要时可在导堤内侧布置丁坝或在非通航汊道内建坝限流。导堤和丁坝的平面走向、间距和高程等布置宜通过模型研究确定。

5.6.13 易变河口拦门沙航道的整治,宜采取建单侧或双侧导堤的工程措施。为适应排洪、纳潮和延长中枯水冲刷历时需要,可沿导堤内侧布置高程略低于导堤的丁坝。

5.6.14 当河口拦门沙受沿岸输沙影响,导堤需兼顾拦截沿岸输沙功能时,单侧导堤应布置在沿岸来沙方向一侧。

5.6.15 口门内浅滩的整治,宜选落潮流主槽为航槽,采取疏浚和建丁坝、顺坝或加高潜洲等措施集中水流。

5.6.16 潮汐河口口门内分汊河段浅滩的整治,宜选择落潮流动力较强、分沙较少的汊道为主航道,适当布置整治建筑物,引导水流,增强其冲刷能力。

5.6.17 当在网状的入海河口选择一汊作为航道并整治其口门内浅滩时，应综合分析其涨落潮动力条件和河床演变规律，合理选择工程措施。

5.6.18 口门内浅滩整治工程的丁坝布置，坝轴线宜与落潮流方向垂直，坝头高程应达到整治水位，坝根高程宜高于中潮位或与岸滩面高程一致。

5.7 航道稳定性分析

5.7.1 航道工程设计应进行边坡、冲淤等稳定性研究和论证。

5.7.2 航道稳定性和冲淤分析可采用类比估算法、经验公式法，也可采用模型试验、现场测试等。其中，泥沙冲淤的预测在充分了解工程水域自然条件、泥沙来源、运移方式与途径、沉积物水动力特性以及沉积环境等基础上，根据工程建设规模和不同阶段，宜采用数值模拟、物理模型试验进行预测；对基本掌握泥沙运动规律的水域和项目的初期论证阶段也可采用经验公式估算。

5.7.3 对水流、泥沙等条件复杂的航道，宜进行挖槽试验，挖槽位置应选择具有代表性的航段。

5.7.4 位于粉沙质海岸的航道应进行骤淤分析，并通过采取整治措施、设置骤淤备淤深度或两者结合的措施减少骤淤对航道的影响。

5.7.5 潮汐河口整治应采用数值模拟方法研究抛泥对挖槽回淤的影响，必要时尚应通过物理模型试验进行论证和预测。

5.7.6 淤泥质海岸和粉砂质海岸航道淤积预测估算应按现行行业标准《港口与航道工程水文规范》(JTS 145)的有关规定执行。

5.8 防沙堤布置

5.8.1 当波浪和海流等动力作用较强、沿岸输沙量较大或入海径流及潮流不足以维持拦门沙段的航道尺度时，经技术经济论证后应设置防沙堤。

5.8.2 防沙堤的布置应根据工程要求，对当地河口和海岸的地貌特征、动力条件、泥沙来源、运移方式及方向以及冲淤演变等资料进行分析研究，并应满足下列要求。

5.8.2.1 应满足船舶的航行安全和便于船舶操纵。

5.8.2.2 应与港口总体布局和有关海岸规划相协调，必要时应论证其分步实施的可能性，并预测其建成后对环境产生的影响，提出相应的对策。

5.8.2.3 应与当地水文、地貌、地形及地质等自然条件相适应，使被保护的航道不至产生严重的淤积、冲刷或改变航槽走向；防沙堤的布置应有利于泥沙导入深海或航道外浅滩，有利于折射或绕射的波浪将泥沙推向航道外，避免在口门和航道外造成涡流；当采用双堤布置时，其口门应避开漂沙来向。

5.8.2.4 防沙堤同时有防浪掩护功能要求时，其布置应结合防浪要求综合考虑。

5.8.2.5 防沙堤的布置宜同时综合考虑其他防淤、防冲和人工补砂等其他辅助措施。

5.8.2.6 当防沙堤布置在河口附近时，应避开河口射流区和高含沙区。当避开河口有困难时，布置上应将含沙量高的河道水流导向远离航道的地方。

5.8.2.7 防沙堤的轴线位置宜选在地质条件好、水深较浅的地方。

5.8.2.8 防沙堤的布置方案应经技术经济论证后确定,必要时其工程效果可采用模拟试验验证和优化。

5.8.3 防沙堤的平面布置和高程应符合现行行业标准《海港总体设计规范》(JTS 165)的有关规定。

6　枢纽上下游航道

6.1　一般规定

6.1.1　枢纽上下游航道应包括变动回水区航道、常年回水区航道、通航建筑物上下游引航道口门外连接段航道和受枢纽调度运行影响明显的下游航道。

6.1.2　枢纽上下游航道设计收集的资料除应符合第3.2节的有关规定外，尚应收集下列资料：

(1)枢纽的功能、基本特征和布置；

(2)水库各种调度运行方案的水位过程线；

(3)典型水文年水库消落期的回水曲线；

(4)电站调度运行方式和下泄流量过程；

(5)不同情况下与电站泄流相应的沿程各控制站的水位和流量变化过程；

(6)枢纽上下游河道特性、滩险分布及碍航情况；

(7)水库的拦沙和排沙情况等。

6.1.3　枢纽上下游航道设计应结合枢纽调度运行情况进行河道水流、泥沙特性和河床演变的分析预测。

6.1.4　枢纽上下游航道整治，应结合枢纽建设后不同河段的水沙条件变化、河床演变规律和趋势采取相应的工程措施。

6.1.5　枢纽上下游航道设计通航水位应根据枢纽的运行阶段和河床变化情况分时段修正，应适应枢纽上下游水位的动态变化。

6.2　航道建设规模及标准

6.2.1　枢纽上下游航道建设规模及标准可参照第4.2节的有关规定确定。

6.3　航道选线

6.3.1　航道选线除应执行第4.3节相关规定外，尚应考虑枢纽建设后局部河床地形的调整变化及滩槽易位等因素，对河势复杂河段应进行模型试验论证确定。

6.3.2　枢纽上下游港区进港航道与主航道连接段航道的布置应符合第5.3.5条的有关规定。

6.4　设计通航水位

6.4.1　枢纽上下游设计最高通航水位和设计最低通航水位应根据枢纽运行调度规则，结合河段水文特征和航运要求,考虑河道冲淤变化的影响等因素,综合研究确定。

6.4.2 枢纽上游航道通航水位的确定应符合下列规定。

6.4.2.1 设计最高通航水位应采用表4.4.3规定的重现期洪水与相应的汛期坝前水位组合,以及坝前正常蓄水位或设计挡水位与相应的各级入库流量组合,得出多组回水曲线,取其上包线作为沿程各点的设计最高通航水位,并应考虑河床淤积对水位抬高的影响。

6.4.2.2 设计最低通航水位应采用表4.4.4-1规定的相应保证率的入库流量与相应的坝前消落水位组合,以及坝前死水位或最低运行水位与相应的各级入库流量组合,得出多组回水曲线,取其下包线作为沿程各点的设计最低通航水位,并应计入河床冲淤可能引起的水位变化值。

6.4.3 枢纽下游航道通航水位的确定应符合下列规定。

6.4.3.1 设计最高通航水位应按表4.4.3规定的各级洪水重现期,分析选定设计流量,并考虑枢纽运行对该河段航道的影响推算确定。

6.4.3.2 设计最低通航水位应按表4.4.4-1规定的保证率,分析选定设计流量,并考虑河床冲淤变化和电站日调节的影响推算确定;对近坝段应采用枢纽瞬时最小下泄流量对应的水位,并计入设计水平年内河床下切因素引起的水位变化值。

6.4.3.3 受枢纽影响显著的下游航道通航水位应开展专题研究确定。

6.4.4 枢纽上下游航道通航水位应结合枢纽运行后的实测资料进行必要的验证和调整。

6.5 整治水位和整治线

6.5.1 变动回水区航道整治水位的确定应符合下列规定。

6.5.1.1 变动回水区上段整治水位可参照第4.6节的有关规定确定,并应根据具体情况适当提高,延长消落期的冲刷历时。

6.5.1.2 变动回水区的中段和下段宜以浅滩上端脱离壅水影响的水位作为整治水位的依据,并应考虑浅滩逐渐淤积抬高的趋势,将沿程整治水位与设计最低通航水位的差值逐步加大。

6.5.1.3 变动回水区的复杂浅滩、支流河口和港区水域浅滩的整治水位宜通过模拟研究确定。

6.5.2 变动回水区航道的整治线布置应符合下列规定。

6.5.2.1 当变动回水区中段和下段航道因泥沙累积性淤积,引起比降逐年调平且流速沿程减小时,浅滩群的整治线宽度可沿程逐渐束窄,但应满足通航水流条件的要求。

6.5.2.2 当变动回水区航道过渡段浅滩的淤积逐年增长且下深槽逐渐萎缩时,整治范围应向下深槽延伸。

6.5.2.3 变动回水区的急弯和分汊河段航道,整治线布置宜顺应向微弯和单一河段发展的趋势。

6.5.3 枢纽下游航道的整治水位和整治线布置,应在考虑枢纽运行调度对下游航道影响的基础上,按第4.6节的有关规定确定。

6.6 变动回水区航道

6.6.1 变动回水区的航道整治应在水位消落期适当加大水流挟沙能力、延长消落冲刷期、减少泥沙累积性淤积。

6.6.2 条件许可时,整治措施可与水库运行调度方案优化和防洪工程协调考虑。

6.6.3 变动回水区航道滩险整治设计,应按滩险所处位置、特性和成因采用不同的整治方案,并应符合下列规定。

6.6.3.1 变动回水区上段航道砂卵石浅滩整治,宜采用筑坝与疏浚相结合的工程措施。

6.6.3.2 变动回水区中、下段淤沙浅滩整治,宜以筑坝为主,增强消落期水流冲刷能力,必要时辅以疏浚。

6.6.3.3 整治变动回水区因泥沙累积性淤积航槽发生移位的滩险,应按移位后的航道走向布置挖槽和整治建筑物。

6.6.3.4 变动回水区因泥沙淤积或水位变化形成新的急滩和险滩,或原有急滩和险滩险情加重时,应按第4.10节的有关规定进行整治设计。

6.7 常年回水区航道

6.7.1 常年回水区航道内存在石质浅滩、碍航礁石、突嘴和河心石梁时,宜采取炸礁措施,炸除范围应考虑航槽移位情况,并满足通航水流条件的要求。

6.7.2 常年回水区峡谷型洪水急流滩的航道整治设计,宜采取炸礁和切嘴措施,减缓近岸流速,改善局部流态,拓宽缓流航道。

6.7.3 常年回水区峡谷型急弯段的航道整治设计,可采取炸除凸岸突嘴措施,增大航道弯曲半径或航道宽度。

6.7.4 常年回水区上段淤沙浅滩整治设计宜以疏浚为主,因泥沙累积性淤积航槽发生移位的滩险,应按移位后的航道走向布置挖槽。

6.7.5 枢纽上游引航道口门外连接段与主航道的水流应平稳过渡,连接段的水流表面最大流速不应影响船舶的安全航行。

6.8 枢纽下游航道

6.8.1 枢纽下游航道整治应对下列情况进行分析研究:

(1)水库调节性能、调度方式和建库前后枢纽下游水沙条件的变化;

(2)枢纽下游近坝段的河床和河岸组成、抗冲层分布及埋深;

(3)下引航道口门外连接段的水流条件;

(4)水库运行后下游河床的冲刷进程和形式;

(5)枢纽下游清水下泄所造成的河床冲淤变化及水位下降对航道条件的影响;

(6)水库日调节对通航的影响。

6.8.2 枢纽下游引航道口门外连接段存在泡漩、横流、回流等不良流态,影响船舶安全进出引航道时,应针对碍航水流的成因,采取切嘴、填槽、引流压泡或筑坝等工程措施,调整断面形态和流速分布,改善航道条件。

6.8.3 当引航道布置在非主航道一侧或枢纽运行后水流条件发生改变,在连接段航道内出现浅区或弯窄等碍航情况时,应采取建坝导流等措施,保持航槽稳定。

6.8.4 当枢纽下游航道因泄流和电站尾水影响,在下游引航道口门外连接段产生较强的横流、涌浪和泄水波,影响航道通航安全时,除应优化泄流方式外,可适当延长隔流堤长度、调整布置方向或增建导流建筑物,改善航道水流条件,也可通过炸礁或疏浚,将航道向另一侧拓宽,使船舶避开碍航水流航行。

6.8.5 当枢纽下游引航道连接段位于江心洲分流区,水流分散,航道尺度不足或存在碍航水流而碍航时,除应采取疏浚和炸礁措施外,尚应通过建导流或限流建筑物,形成稳定的单一航槽或双槽交替通航。

6.8.6 枢纽下游近坝河段有控制水位下降要求时的航道整治应符合下列规定。

6.8.6.1 枢纽下游近坝段航道整治,应根据近坝段来水、来沙及河床组成等资料采用模拟分析方法,确定对水位下降具有控制作用的关键部位,并可按各部位控制作用的强弱,分别采取护滩、护底加糙或筑潜坝等工程措施,遏制水位下降及向上游的传递。

6.8.6.2 建库后卵石露头较高的近坝河段,当受清水下泄、水位下降的影响,形成坡陡流急段或新的浅滩段时,宜采取开挖措施,消除或减缓急、浅碍航,必要时可结合在开挖区下游建丁坝、潜坝或填槽等措施,减缓滩段流速和比降,同时应尽量减小因开挖而引起水位的下降。

6.8.7 枢纽下游河床变形较大河段的航道整治,宜与河势控制工程相互协调配合,并应符合下列规定。

6.8.7.1 目前航道条件尚好,但因清水下泄,出现洲滩冲刷和岸线崩退,滩槽格局和航道条件有向不利方向变化趋势的河段,宜对关键洲滩实施守护工程,遏制不利变化趋势,维持有利的滩槽格局,稳定航道条件。

6.8.7.2 建库后河床变形较大,出现航道尺度不足的碍航河段,宜根据不同浅滩类型和不同碍航特性,在对关键洲滩实施守护的同时,采取筑坝、填槽等调整水流的整治措施,必要时辅以疏浚措施。

6.8.7.3 分汊河段浅滩整治,宜在合理选汊的基础上,根据通航汊道及洲滩的冲淤变化趋势,采取下列整治措施:

(1)采用洲头鱼骨坝等措施适当调整两汊分流;

(2)筑坝增加浅滩段流速;

(3)护滩和护岸控制关键部位汊道边界。

6.8.7.4 长直过渡段浅滩整治,宜采用护滩、筑坝和护岸相结合的工程措施,适当调整滩槽形态,固定过渡段位置,加强浅区冲刷,改善航道条件。

6.8.7.5 弯曲河段浅滩整治,宜在凸岸边滩采取护滩措施,防止边滩发生冲刷或切滩,并在凹岸实施护岸工程,保持岸线稳定,必要时可采取填槽措施,调整弯道段断面形态,加强浅区冲刷。

6.8.7.6 多分汊河段浅滩整治,宜通过工程措施,巩固和稳定主通航汊道的同时,限制非通航汊道的冲刷发展,并尽可能保持支汊原有的通航条件。

7 运河航道

7.1 一般规定

7.1.1 运河航道的线位选择、平面布置、断面形式、护岸建设、桥梁改造和土方综合利用等方面在满足通航要求的基础上,应充分考虑资源节约、文物保护、景观协调的要求。

7.1.2 设闸运河的梯级设置应经技术经济比较确定,并宜尽量减少梯级数量。

7.2 航道建设规模及标准

7.2.1 运河航道建设规模应根据营运船舶和航道运量预测要求,经多方案技术经济综合论证确定。

7.2.2 运河航道建设规模方案论证的主要内容应包括运量与设计船型预测、航道等级与尺度、工程措施与投资、年维护费用和经济效益分析等,并分析确定建设时序。

7.2.3 运河航道建设标准应根据船舶密度和航道建设条件分析确定,主要应确定航道等级、设计船型和航道线数。

7.2.4 航道设计船型应根据设计水平年内运量需求、船舶实际运营情况及船型尺度等确定。

7.2.5 运河的断面尺度宜按双线航道确定。当双线航道不能满足要求时,可采用三线或三线以上航道。整治特别困难的局部区段或航运不繁忙的运河,经论证后可按单线航道设计并设置相应航行标志,单线航道长度较长时应设置会让区。

7.3 设计通航水位

7.3.1 设计通航水位的确定应按现行行业标准《运河通航标准》(JTS 180—2)的有关规定执行。

7.4 平面布置

7.4.1 航道选线和工程建筑物的布置应经过方案比选和技术经济论证,必要时应通过模型试验研究加以优化。

7.4.2 运河航道选线应符合下列规定。

7.4.2.1 航道线路应与城乡发展规划、水资源综合利用规划相结合,与重要城镇、工矿企业相连接,同时宜避开城镇中心。

7.4.2.2 航道选线应与铁路、公路网相协调,便于水陆联运。

7.4.2.3 运河线路应首选线路短、工程量小、占地少和综合经济效益好的方案,并充分利用已有航道、天然河流、湖泊等自然条件进行改建。

7.4.2.4 运河线路应优先选择地形合适和地质条件较好的地段,当地质条件难以满足要求时,应采取工程补救措施。

7.4.3 航道技术等级提升工程应考虑远期发展需求和实际航道条件,近远期相结合,充分利用已有护岸等设施。

7.4.4 运河航道的宽度、水深、弯曲半径和净空尺度应满足代表船舶和船队安全航行的需要。

7.4.5 运河航道的连接应符合下列规定。

7.4.5.1 运河弯道与直线段宜平顺衔接。

7.4.5.2 遇到同向弯道,两者间无直线段时,可用复曲线连接。

7.4.5.3 遇到反向弯道,两弯道间必须设置直线段,直线段长度应经论证确定。

7.4.5.4 当弯道半径不满足《运河通航标准》(JTS 180—2)规定要求时,弯道宽度应在直线段宽度的基础上加宽,加宽方式可参照第4.5.4.6款执行,渐变线斜率不宜大于1:5。

7.4.6 运河航道与河道交汇口的连接应符合下列规定。

7.4.6.1 交汇口的水流条件应满足船舶、船队安全通航的要求。

7.4.6.2 交叉航道在平面上应采用曲线连接,弯曲半径应根据航道等级、货物流向、船型确定。主货流向的弯曲半径应满足航道等级要求,次货流向的弯曲半径可适当减小。

7.4.6.3 交汇口河底高程应平顺连接,当底高程不等时,可通过1:10~1:20缓坡连接。

7.4.7 运河航道与湖区航段的衔接应顺直过渡,当无法满足顺直要求,采用曲线连接时,其弯曲半径应满足下列要求:

(1)顶推船队和货船,不小于5倍船舶、船队长度;

(2)拖带船队,不小于船队中最大驳船长的6倍。

7.4.8 运河中的船舶或船队在进入水库、湖区或天然河流航行时,航道尺度应按照现行国家标准《内河通航标准》(GB 50139)有关天然和渠化河流航道尺度的规定确定,设计水深应根据同一航线的船型要求确定。

7.4.9 河口段航道应加宽布置,湖区航道宽度应向运河内延伸不小于1.0倍设计船长,之后以不大于1:10渐变比率与运河航道衔接。

7.4.10 设闸运河中,运河航道与通航建筑物引航道的连接应符合现行行业标准《船闸总体设计规范》(JTJ 305)有关连接段航道的规定。

7.4.11 护岸布置应根据航道等级与尺度、地形、地质、土地利用、投资等因素确定,并应考虑与临河道路、跨河桥梁的衔接。

7.4.12 航道升级改造中,遇有水边桥墩时,在不影响实际通航尺度时,护岸与桥墩应平顺衔接,斜率不宜小于1:5;遇有水中桥墩时,应设置防撞设施。

7.5 运河断面

7.5.1 运河纵断面设计应符合下列规定。

7.5.1.1 运河河床纵坡降应能满足设计最大通航流量通过,其纵向流速应满足通航水流条件的要求。

7.5.1.2 河床纵剖面高程变化采用台阶式时,台阶高度不宜大于20cm。

7.5.1.3 设闸运河各级相邻梯级间的水位应衔接。

7.5.2 运河横断面可采用倒梯形、矩形或复合形,断面形式选择应符合下列规定。

7.5.2.1 断面形状应有利于减小船舶航行阻力。

7.5.2.2 断面形状应考虑周围地形及建筑物、土地利用、地质条件等因素,并应进行工程费用和维护费用的比选。

7.5.2.3 对经过城镇、沿岸居住人口密集或土地资源缺乏地区的航道,宜采用下部倒梯形和上部矩形的复合形断面。

7.5.2.4 对河面宽阔、土地资源相对宽松的航道,宜采用倒梯形断面。

7.5.3 运河的航道宽度应根据船舶尺度及其在航行中可能产生的漂移和其与运河边界富裕距离确定,双线航行的航道运河宽度还应考虑船舶交汇的安全距离。直线段单线航道和双线航道宽度可按下列公式计算:

$$B_1 = B_f + 2d \tag{7.5.3-1}$$

$$B_2 = 2B_f + 2d + c \tag{7.5.3-2}$$

$$B_f = B_S + L\sin\beta \tag{7.5.3-3}$$

式中 B_1——直线段单线航道宽度(m);

B_f——船舶或船队航迹带宽度(m);

d——船舶或船队外舷至航道边缘的安全距离(m),船队可取(0.25~0.30)倍航迹带宽度,单船可取(0.34~0.40)倍航迹带宽度;

B_2——直线段双线航道宽度(m);

c——船舶或船队间的航行安全距离(m);

B_S——船舶或船队宽度(m);

L——船舶或船队长度(m);

β——船舶或船队航行漂角(°);顶推船队和单船对Ⅰ~Ⅴ级航道可取2.5;拖带船队对Ⅰ~Ⅴ级航道可取1.2;

$2d+c$——各项安全距离之和(m);船队可取1.0倍航迹带宽度,单船可取1.5倍航迹带宽度。

7.5.4 运河航道横断面(图7.5.4)底宽应按下式计算:

$$B_b = B - 2m(h - T) \tag{7.5.4}$$

式中 B_b——航道底宽(m);

B——航道宽度(m);

m——边坡系数;

h——航道水深(m);

T——船舶或船队的最大吃水(m)。

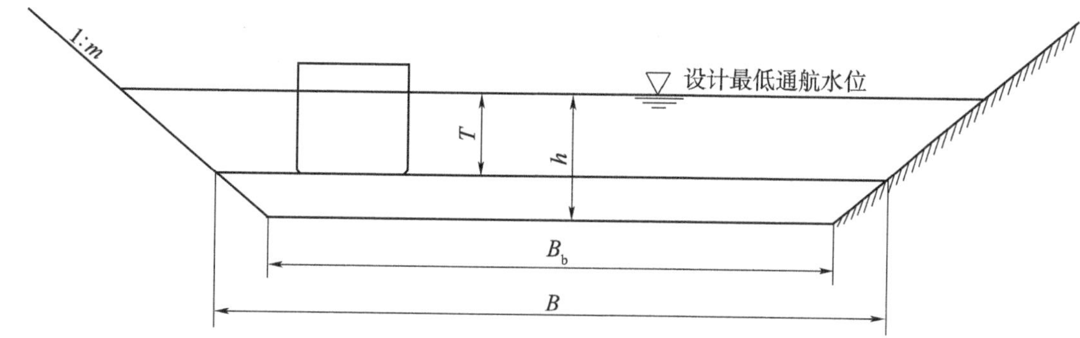

图7.5.4 运河航道横断面示意图

7.5.5 运河的航道水深可按下式计算：

$$h = T + \Delta t \tag{7.5.5}$$

式中 h——航道水深(m)；

T——船舶或船队的最大吃水(m)；

Δt——富裕水深(m)，可按表7.5.5选用。

表7.5.5 富裕水深值(m)

航道等级	Ⅱ	Ⅲ	Ⅳ	Ⅴ
富裕水深	0.8~1.0	0.5~0.7	0.3~0.5	0.3~0.5

注：卵石和岩石等硬底质河床富裕水深值应另加0.2m。

7.6 停泊区与服务区

7.6.1 在新建、改建、扩建Ⅳ级以上运河航道时，沿线宜布置停泊区、服务区等通航配套设施。Ⅴ级运河航道可根据实际需要设置。

7.6.2 停泊区应具有船舶停靠功能。服务区除具备停泊区功能外，宜具有船舶检修、回收垃圾和加水、加油、购物、就医等或其中部分服务功能。

7.6.3 停泊区、服务区规模应根据航道货运量、船舶吨位、船舶密度、经济社会和建设条件等进行综合论证确定。

7.6.4 停泊区、服务区选址应符合下列规定。

7.6.4.1 停泊区、服务区选址应符合城镇规划、内河航运规划和港口规划，宜设置在干线航道交汇区、主要城镇或者船舶集中地。

7.6.4.2 停泊区、服务区选址宜在水域开阔的河段或方便船舶进出的河汊。

7.6.4.3 相邻停泊区或服务区之间的距离宜为船舶连续航行4h~6h的距离。

7.6.4.4 停泊区、服务区不应布置在跨河桥梁、渡槽、水下管线限制范围内，与跨河桥梁、渡槽的安全净距离不应小于200m。

7.6.5 停泊区、服务区水域可采用顺岸式或挖入式布置，并应符合下列规定。

7.6.5.1 水域布置应满足主航道船舶安全航行要求。

7.6.5.2 采用顺靠系泊时，水域布置应按现行行业标准《河港工程总体设计规范》(JTJ 212)有关规定执行；采用丁靠系泊时，水域宽度不应小于船舶的长度，并不得影响船舶安全通航。

7.6.6 停泊区、服务区水域水深应按现行行业标准《河港工程总体设计规范》(JTJ 212)有关规定执行。

7.6.7 服务区陆域用地应满足服务区功能要求,并适当留有发展余地。

7.6.8 停泊区、服务区应设置系靠设施,并应符合现行行业标准《码头附属设施技术规范》(JTJ 297)有关规定。

8 湖区、桥区和内河进港航道

8.1 一般规定

8.1.1 湖区、桥区和内河进港航道建设规模与标准、尺度可按第4.2和第4.5节的有关规定确定；通航水位可按第4.4节的有关规定确定，进港航道的最低通航水位应与所在港口的设计低水位相一致。

8.1.2 **桥区和内河进港航道设计除应掌握河床演变规律外，尚应充分考虑船舶在桥区航道安全航行、穿行和在港区航道安全靠离码头的要求。**

8.1.3 **当新建桥梁河段需采取航道整治补救措施方能满足航行条件时，应根据通航论证的要求，对建桥后桥区河段的河床演变趋势进行预测分析。在重要河段和变化复杂的河段建桥，应进行河工模型试验，必要时进行实船试验，结合优化桥轴线和桥墩的布置，选定相应的航道设计方案。**

8.2 湖区航道

8.2.1 湖区航道设计资料收集除应满足第3.2节的要求外，尚应补充下列资料：

(1)湖泊及与之相连的河流水位变化及相互关系，相互顶托影响的大小和时间；

(2)河湖两相航道和滨湖航道在不同时期的流速、流向和比降资料，双向水流情况及规律；

(3)湖泊航道与河湖两相航道的风浪掀沙现象与规律；

(4)湖床演变长期资料。

8.2.2 湖区航道浅滩整治，宜采取疏浚措施；河湖两相航道和滨湖航道浅滩整治，宜采取疏浚或疏浚与筑坝相结合的工程措施；湖区对航道条件起控制作用的重要洲滩应采取守护工程措施。

8.2.3 在湖区航道浅滩上开挖航槽，宜选择淤积量较少、航程较短和工程量较小的线路，并应考虑风浪掀沙的影响，必要时应加大挖深和挖宽；经充分论证可建防沙导堤。

8.2.4 整治单向水流的河湖两相航道和滨湖航道浅滩，应分析浅滩的河床形态、河岸和河床组成情况及演变规律和趋势等，整治措施可按第4.7节的有关规定执行。有条件时航道整治应与防洪治理相结合。

8.2.5 在有双向水流的河湖两相航道和滨湖航道浅滩上进行挖槽定线和布置整治建筑物时，应分析湖床平面形态和各个时期水沙运动特点，适应中、枯水主流流向，有利于退水期航槽冲刷。在水面狭窄区布置整治建筑物时，应减少顺流和逆流流路的偏离；在水面开阔区挖槽定线时，应避开主要淤积部位，必要时在来沙较少、洲面较高和岸线较稳定处另辟新航槽。

8.2.6 有双向水流且为分汊型的河湖两相航道和滨湖航道,应优先选择双向水流的动力轴线基本一致的一汊为通航汊道;当双向水流动力轴线偏离较大时,应选择汊道进口方向与造床作用最为明显的水流流向基本一致的汊道为通航汊道;当汊道的一侧有较高边滩,或有防洪堤,能形成主导河岸时,应优先选择该汊道为通航汊道。

8.2.7 整治湖区泥质浅滩,宜采取疏浚措施。挖槽定线宜符合中枯水主流流向。

8.2.8 弯曲狭窄的航段宜采取切嘴、填槽或裁弯取直措施,有条件时航道整治应与防洪治理相结合。在分、汇流情况比较复杂的水网地区,采取切嘴或裁弯取直的工程措施时,应尽可能不影响各支流的分流比。当航段全由弯曲半径较小的连续弯道组成时,应通过实船试航和相关分析研究,确定航道设计参数。

8.2.9 有跌坎的湖区泥质浅滩整治,宜布置较长的挖槽,并利用疏浚土调整湖床形态,减小纵比降,降低流速,消除跌水;挖槽宜避开有沙质夹层或床质抗冲能力较弱的部位,当不能避开时,应采取避免形成新跌坎的湖床防护工程措施。挖槽水面线计算应符合附录A的规定,必要时应进行模型试验验证。

8.3 桥区航道

8.3.1 桥区航道整治的资料收集除应满足第3.2节的要求外,尚应补充下列资料:

(1)桥区河段河床地形资料;

(2)桥区河段河床演变对比分析资料;

(3)桥区河段特征流量时的流速和流向资料;

(4)洪、中、枯不同水位期船舶通过桥区的航迹线资料;

(5)桥梁通航安全影响论证资料;

(6)已有桥梁的竣工资料,包括通航孔设置及净空尺度、桥墩防撞标准等。

8.3.2 桥区主航道应与主通航孔保持一致。航道轴线方向与水流主流向的夹角不宜大于5°,当航道水流流向与航道轴线方向交角较大且影响航行安全时,应采取筑坝等工程措施调整水流,稳定航槽。

8.3.3 桥区航道整治应采取固滩、护岸、筑坝等工程措施,稳定航槽和归顺通航桥孔水流流向。

8.3.4 当建桥后上游边滩扩大下移并威胁正常通航时,应布置整治建筑物,调整流向和流速分布,遏制边滩展宽和下移。

8.3.5 桥区为礁石河床,上游礁石挑流影响通航时,应切除突嘴,调整水流流向;下游礁石突出形成回流影响通航时,应切除突嘴,平顺岸线,减小回流范围。

8.3.6 当航道等级提升时,若已有桥梁净空满足《内河通航标准》(GB 50139)和《通航海轮桥梁通航标准》(JTJ 311)的有关规定时,应对通航桥孔两侧的桥墩进行专题防撞验算和防撞加固设计,并在桥梁通航孔上、下游合适位置标示桥梁净空尺度;若已有桥梁净空不满足要求时,应通过专题论证,提出建议措施。

8.4　内河进港航道

8.4.1　内河进港航道设计的资料收集除应满足第3.2节的要求外，尚应补充下列资料：

(1)内河港区码头泊位平面布置资料；

(2)港口前沿的流速、流向和流态资料；

(3)船舶锚地范围及有关资料；

(4)港口进港航道及专设航标的有关资料；

(5)船舶在港区通行和靠离泊等方面的资料；

(6)港口所在河段航标配布的有关资料。

8.4.2　**内河进港航道不得影响主航道畅通。**

8.4.3　当码头紧邻主航道时，进港航道设计应符合下列规定。

8.4.3.1　当码头处于弯道凹岸，因凸岸边滩切割，主航道与码头前沿水域不能满足相关要求时，宜在凸岸修筑丁坝，保护边滩。

8.4.3.2　当码头处于较为顺直的河段内，因上游边滩存在下移趋势或上游发生滩槽易位现象，造成码头前沿线淤浅，影响作业时，宜采取措施固定上游边滩或控制上游河势。

8.4.3.3　当码头处于蜿蜒河道或分汊河道内，受到河岸崩退或汊道分流比和分沙比变化的影响时，可采取护岸或限制其他支汊发展的工程措施，防止码头水域的淤积和主航道移位。

8.4.4　当码头远离主航道时，进港航道设计应符合下列规定。

8.4.4.1　在较为宽阔的单一河道上，应采取疏浚等工程措施，满足进港航道船舶航行要求。

8.4.4.2　在分汊河段上，当主航道与码头各处一汊，或两汊均有码头时，宜采取工程措施适当调整或控制两汊的分流比，保持主汊的优势地位和主航道应有的尺度，并使支汊的进港航道和港口水域不淤或少淤。

8.4.5　位于水库变动回水区的进港航道设计，应与港口布局相协调，统筹规划，区别情况予以处理。

8.4.6　当新建闸坝、引水工程和跨河桥梁等可能引起进港航道冲淤变化时，应通过模拟研究对工程效果进行预测，优选工程方案。

9 航标工程

9.1 一般规定

9.1.1 航标工程设计的资料收集除应满足第3.2节的要求外,尚应补充最大连续阴雨天数、年平均日照时间、平均大潮高潮面以及工程河段已有航标配布情况等资料。

9.1.2 航标配布设计应使用近期测绘的海图或航道图,比例尺一般不小于1/10000,重要部位或地形复杂时可根据需要适当加大。

9.1.3 航标配布设计应标示出航道、碍航物、涉水建筑物、锚地和其他特定水域等。

9.1.4 航标结构设计和设备选型应符合国家现行标准的规定,并应充分考虑维护的便利性以及人员的安全。

9.1.5 浮标和航标的索具、锚具、电源和灯器、无线电装置等器材应配备一定数量的备品。

9.1.6 航标维护管理的设施应根据航标的种类和数量合理配置,并适当留有余地。

9.1.7 高等级航道以及运输繁忙、地处偏远或维护不便的航道,宜在航标上配置遥测遥控终端。

9.2 海区航标工程

9.2.1 海区航道应设置完善的视觉航标系统。视觉航标的种类、外形、颜色及灯质等应符合现行国家标准《中国海区水上助航标志》(GB 4696)、《海区浮动助航标志配布导则》(GB/T 26781)、《中国海区灯船和大型浮标制式的规定》(GB 15359)、《中国海区水中建(构)筑物标志的规定》(GB 17380)、《中国海区可航行水域桥梁助航标志》(GB 24418)的有关规定。

9.2.2 航道口门标志的设置应符合下列规定。

9.2.2.1 有条件时航道口门应设置灯塔和灯桩等岸上固定标志,并与干线上的航标相衔接;无条件设置岸标时,可设置灯船或大型浮标等浮动标志。

9.2.2.2 标示航道入口的浮标,宜设置在航道中轴线或边线的延长线上,并应与航道入口保持足够的距离,对10万吨级以下的航道不应小于1n mile,对10万吨级及以上的航道不应小于2n mile。

9.2.3 在不同地理环境和航道条件下,航标设置应符合下列规定。

9.2.3.1 在航道附近的山头、岬角、岛屿以及航道边线附近的突嘴、礁石等危险物上应设置固定标志。对有碍航行的水下障碍物和浅水区应设置浮标,标示出安全航道。

9.2.3.2 人工航槽或狭窄航道应设置航道侧面标志标示航道界限,通航条件较差的航道可设置导标。

9.2.3.3 需要标示的自然航道,可根据航道的实际需要采用对称、交错、单侧或中间设置等方式设置侧面标志或安全水域标志。

9.2.3.4 对复式航道,应根据航行要求和设置条件布设标志。对中间大船航道、两侧小船航道的复式航道,可用航道侧面标志标示小船航道外侧界限;对大船航道与小船航道分开设置的复式航道,可在两个航道外侧设置航道侧面标志。

9.2.3.5 对船舶定线制水域航道,当分隔带、分隔线分辨有困难时,可用安全水域标志或分道通航专用标志标示分隔带、分隔线位置。

9.2.3.6 对桥区航道,当通航条件受限时,应设置桥区浮动助航标志。浮动助航标志应与桥梁助航标志的设置相配合,宜沿航道两侧成对设置,宜不少于两对,其中第一对距桥身的距离不应小于桥梁设计最大通航船舶船长的5倍。浮动助航标志根据桥梁通航孔形式,可按下列要求配置:

(1)在单孔双向通航桥梁桥区航道边界设置侧面标志;

(2)双孔单向通航桥梁桥区航道,在通航桥孔的外侧边界设置侧面标志,或在两个通航桥孔航道中央设置分道通航专用标志,驶离通航孔后的外侧边界侧面标志允许少设或不设;

(3)三孔通航桥梁桥区航道,用侧面标志标示主通航孔航道的边界;需标示辅通航孔时,在两外侧航道的外边界设置侧面标志,并用推荐航道侧面标志标示主通航桥孔航道的两侧边界。

9.2.3.7 在航道交叉处应设置推荐航道侧面标,当推荐的主航道难以明确时可在交叉处设置方位标志。

9.2.3.8 航道侧面标志设置应符合下列规定:

(1)尽可能沿航道轴线左右对称、前后等距布置,潮流与航道夹角较大或狭窄航道沿航道轴线交错、单侧等距设置;

(2)同航向侧面标志间的布设间距根据当地通航环境确定,通常为1n mile~2n mile,特殊情况下适当缩小;对直线段的浮标间距,原则上保证在标准气象能见度条件下,白天至少能从一座标处看到同一航向上相邻的下一座标;夜间至少能从一座标处看到同一航向上相邻的下两座灯标的灯光;

(3)布设宽度根据航标的结构特性、船舶通航要求、航道尺度和工况条件确定,标志在水面的位置一般不侵占航道;

(4)连续设置的航道侧面标,灯质一般按单闪、双闪、三闪有规律设置,转向点处通常选用快闪,在背景灯光较多的航道,通常采用同步闪光。

9.2.3.9 在航道分岔汇合处应设置推荐航道侧面标,当推荐航道不明确或为避免与附近左右侧面标志相混淆时,可设置方位标志。

9.2.4 在靠近航道的涉水建筑物上应设置标示建筑物位置的警示标志,并应符合下列规定。

9.2.4.1 靠近航道的防波堤或导流堤的堤头、转折点和堤身处应设置灯桩,其灯光不得与水中标志相混淆。口门处的灯桩标身颜色应分别为左侧红白相间、右侧绿白相间。

9.2.4.2 靠近航道的潜堤堤头宜用灯桩标示,设置困难时可用灯浮标标示。

9.2.4.3 当整治建筑物所处水域通航环境复杂时,可采取增加标志配布密度、设置电子警示牌等措施。

9.2.5 无线电助航设施应根据船舶航行需要和航道条件设置。在航道口门、重要转向点、导堤堤头和其他重要部位,应设置雷达应答器、雷达指向标或 AIS 航标。在条件受限的特殊水域或重要位置,可设置虚拟航标。无线电助航设施可与视觉航标同时设置,也可单独设置。

9.2.6 音响航标可作为辅助性的助航设施,且宜与视觉航标共同设置。在灯塔或航道口门灯船上可设置雾号,在航道关键部位的浮标上可设置浪动音响装置。

9.2.7 航标设备的选型与配置应符合下列规定。

9.2.7.1 灯浮标、锚链应满足现行行业标准《浮标通用技术条件》(JT/T 760)和《浮标锚链》(JT/T 100)的有关要求。在风浪、流速较小,锚抓力较好的航道水域,浮标锚链的长度宜取最大水深的 3 ~4 倍;当风浪、流速较大,锚抓力较差时,锚链长度应根据具体情况适当增加。

9.2.7.2 灯塔、灯船或大型浮标应配有主灯、备用灯以及主灯与备用灯自动切换装置。主灯灯光射程应不低于 10n mile。

9.2.7.3 灯塔、灯桩的灯光,可在其射向危险区或危险物的作用范围内设有色光弧;对非观测部位的灯光宜做遮光处理。

9.2.7.4 灯塔、灯桩的灯光焦面高程应满足地理视距与设计灯光射程的要求。

9.2.7.5 冰情严重水域设置的航标应适应冰冻的影响。

9.2.8 大型灯浮标、灯船等结构应进行专项设计。

9.2.9 灯塔设计应符合现行行业标准《灯塔主体及附属设施设置要求》(JT/T 321)的有关规定。

9.2.10 对于孤立的灯塔、灯桩应根据现行国家标准《建筑物防雷设计规范》(GB 50057)的有关规定,按第二类防雷建筑物进行防雷设计。

9.3 内河航标工程

9.3.1 内河航标配布和航标维护的类别应根据河段的自然状况和航行条件,结合航道等级、航道布置及航运需求确定。

9.3.2 内河航标的配布设计应符合下列规定。

9.3.2.1 航标配布应满足国家现行标准《内河助航标志》(GB 5863)和《内河航道维护技术规范》(JTJ 287)的有关规定。

9.3.2.2 航标配布应按航道内船舶主要航线和航行条件,以标示上行或下行船舶航线为主的方法确定。在实施船舶定线制的河段,应按照船舶定线制的特点配布航标。

9.3.2.3 航标的种类、形状、颜色和灯质应符合现行国家标准《内河助航标志》(GB 5863)和《内河助航标志的主要外形尺寸》(GB 5864)的有关规定。

9.3.3 航标视距、同侧设标间距、航标配布宽度、设标水深、最小安全距离等航标配布主要技术参数的确定应符合下列规定。

9.3.3.1 航标视距应根据当地通航环境、自然条件和航标外形尺寸确定。连续配布的航标白天应能从一座标处看到同一航向上相邻的下一座标；夜间至少能从一座标处看到同一航向上相邻的下一座灯标的灯光。同侧设标间距应取0.8~0.9倍航标视距。

9.3.3.2 航标配布宽度应满足航道宽度要求。弯曲河段航标配布应根据航道设置适当放宽，优良河段在确保航道范围内有足够维护水深前提下可放宽航标配布宽度。

9.3.3.3 设标水深不应小于所标示航道的维护水深。

9.3.3.4 船舶航行与航标的最小安全距离可根据设标河段的具体情况和船舶驾引要求确定。岸标的最小安全距离自标位处的水沫线起算；浮标和水中灯桩的最小安全距离自标位处起算。

9.3.4 航标的设置应满足下列要求。

9.3.4.1 航标应根据河床形状和河岸地形合理选择岸标或浮标，岸标与浮标之间应有效结合。

9.3.4.2 灯桩应设置在岸坡稳定、背景和通视条件良好的岸边，且应尽量靠近水沫线设置。塔形岸标应尽量设置于航道变化小，岸线稳定、地质条件良好、通视条件良好的位置，并应考虑标位处周边环境和岸线规划的要求。

9.3.4.3 岸标顶标高程和标灯焦点高程应满足助航要求。

9.3.4.4 同侧航标连线宜平顺衔接，并可引导船舶避开不利流态水域。

9.3.4.5 侧面浮标设置所标示的通航水域内不得小于维护水深。

9.3.4.6 侧面浮标设置地点可根据维护水深的变化进行调整。

9.3.5 典型河段航行标志配布应符合现行国家标准《内河助航标志》(GB 5863)的有关规定，并符合下列规定。

9.3.5.1 当深槽河段沿岸航道宽度小于两倍航道标准宽度时，除设置沿岸标外，应在远岸侧航道边界设置侧面浮标，标示航道界限。

9.3.5.2 在年内水位变幅较大的河段，必要时应按洪水期和枯水期分别进行航标配布设计。洪水期应标示出淹没的河岸和其他碍航物，并及时开辟经济航道。枯水期应准确标示航道方向，标示出浅滩航道的轮廓，揭示浅滩航道的最小水深。

9.3.5.3 对弯曲河段、浅滩河段及礁石碍航河段，航标配布宜适当加密。对孤立碍航物可采用双浮标前后标示。

9.3.5.4 山区航道航标配布应满足水位陡涨陡落时标位及时调整的要求，岸标不得距水沫线过远、过高或被水淹没。设计时应设置不同水位的备用标位或采用岸标与浮标交替使用的方式。对落差大的特殊标位可采用标志与航标灯分开设置的方式，将航标灯设置在临水岸边。

9.3.5.5 桥区航道航标配布应符合下列规定：

(1)对双向多线通航的大跨度通航孔，桥涵标设在双向通航桥孔的上、下行航道迎船一面上方桥桁的适当位置，并根据桥区航道位置可能的调整变化，预留桥涵标、桥柱灯的

悬挂装置;

(2)桥区浮标的配布与桥梁助航标志及桥区上、下游航标的设置相协调;

(3)在桥区航道边界成对设置侧面浮标,桥梁上、下游各不少于1对;在弯曲河段、水流条件不良河段、航行环境复杂的城市河段等,增加侧面标配布;

(4)桥区航道配布的每对侧面标的连线,通常与桥轴线平行;同侧航标配布间距一般逐步由桥梁处向外增大;

(5)单孔双向通航桥梁的桥区航道,在边界设置侧面标志,并按现行国家标准《内河助航标志》(GB 5863)的有关规定设置;双孔单向通航桥梁的桥区航道,在通航桥孔的外侧边界设置侧面标志,或在两个通航桥孔航道中央设置左右通航标;三孔或有主、辅通航桥梁的桥区航道,用侧面标标示主通航孔航道的边界,需标示辅通航孔时,在辅助通航孔航道两侧设置少量侧面标志,当主通航孔航道与辅通航孔航道相邻时,允许在相邻航道中间设置左右通航标替代侧面标;

(6)将连续桥区视为整个桥区航道,统一配布桥区侧面标。

9.3.5.6 在实施船舶分道航行或通航船闸引航道等河段,航道两侧的侧面标志宜成对配布。航行环境复杂河段的航标可加密设置。

9.3.5.7 在航道分汊处、重要码头、停泊区、水上服务区、锚地以及分道航行起始点等处,宜设航道标牌。

9.3.6 信号标志配布设计应符合下列规定。

9.3.6.1 在上、下行船舶相互不能通视的急弯航道、航道宽度不能满足船舶对驶或并行追越需要的狭窄航道等通行控制河段,均应设置通行信号标对船舶实行通行控制。

9.3.6.2 通行控制河段应设置通行信号标、鸣笛标、界限标和通行信号台。通行信号台的位置和数量应根据控制范围和通视条件确定。

9.3.6.3 通行控制河段可分为常年通行控制河段和季节通行控制河段,信号标志的设置应符合下列规定:

(1)在弯曲河段,当上、下行船舶常年不能通视时,设立常年通行控制河段及相应的通行信号标;

(2)在弯曲河段,当上、下行船舶季节性不能通视时,设立季节性通行控制河段及相应的通行信号标;

(3)在其他河段,因通航条件需进行通行控制时,视具体情况设立常年或季节性通行控制河段及相应信号标。

9.3.6.4 通行控制河段的通行控制时段或水位应按具体条件合理确定。

9.3.7 对航道整治建筑物、码头、取水口等临河建筑物应根据对船舶航行影响程度及建筑物保护需要配布专设航标;对桥梁、管线等过河建筑物和水上锚地、施工区等特定水域应根据通航需要和保护要求配布专设航标;在地质滑坡区等可根据通航需要配布专设航标。

9.3.8 专设航标配布应符合下列规定。

9.3.8.1 专设航标的配布宜选用专用标志标示特定水域。在特定水域四周端点设置专用标志标示水域范围。必要时,可设置航道标牌标示特定水域性质。

9.3.8.2 专设航标的配布应与主航道航标相协调。位于航道上的专设航标应采用侧面标等航道标志。

9.3.9 各类航标的外形尺寸应符合现行国家标准《内河助航标志的主要外形尺寸》(GB 5864)有关规定,在大型河流上,可按照标准规定的尺寸按比例放大。在同一水系或同一水网地区相同等级的航道,航标种类和外形尺寸选择宜一致。

9.3.10 航标结构设计应符合下列规定。

9.3.10.1 航标结构设计宜使用标准图集或主管部门许可的通用图纸。

9.3.10.2 钢质浮标的浮具材料应使用船用钢板,表面宜进行防滑设计并设置护栏,应采用耐腐蚀、抗褪色、少维护的涂料。

9.3.10.3 灯塔、塔形岸标等大型岸标的结构应按照现行国家标准《高耸结构设计规范》(GB 50135)的有关规定进行设计,并应按照现行国家标准《建筑物防雷设计规范》(GB 50057)的有关规定按第二类防雷建筑物进行防雷设计。

9.3.10.4 大型岸标出入口的设置高程应考虑当地最高水位的淹没影响,塔顶应留有助航设备的安装空间。整体外形设计在符合航标颜色、图案、功能等标准要求的前提下,应美观大方,与周围环境相协调。

9.3.10.5 岸标表面宜采用抗老化抗褪色免维护的材料。

9.3.10.6 岸标应设置便于人员上下维护的安全通道,岸标标位处宜设置便于维护的标路。

9.3.11 航标灯器、电源宜选用高效、节能、环保、经济和便于维护的设备。并应符合下列规定。

9.3.11.1 各类航标的灯质应符合现行国家标准《内河助航标志》(GB 5863)的有关规定。

9.3.11.2 航标灯器选型应满足现行行业标准《航标灯通用技术条件》(JT/T 761)的有关规定。

9.3.11.3 航标电源的容量应根据航标灯器的工作电流、静态电流、工作时间、连续阴雨天正常工作的规定天数等进行综合测算,并留有一定的余地。

9.3.11.4 航标电源应确保航标灯器的用电。其他辅助设施的用电不应影响规定的航标灯器在连续阴雨天下正常发光的天数。

9.3.12 浮标应根据设标地点的水文、气象、底质情况、浮具型式等系留条件,综合分析确定系留方式。锚链、沉石应符合现行行业标准《浮标通用技术条件》(JT/T 760)和《浮标锚链》(JT/T 100)的有关规定。

9.4 导标工程

9.4.1 在人工航槽、狭窄航道等通航条件较差的航道,宜根据地理环境条件以及船舶航行要求设置导标。

9.4.2 导标轴线设计应符合下列原则。

9.4.2.1 导标轴线通过陆域的地面高程，应满足导标地理视距和前后标标顶垂直张角的要求。

9.4.2.2 沿导标轴线观察时应有比较明亮或深暗的背景，避开色彩杂乱的建筑群，并应通视良好，远离泊位、锚地和港口大型机械等。

9.4.2.3 在导标轴线两侧容许偏离范围内的水深应符合要求，其边线应与附近障碍物保持一定安全距离。

9.4.3 导标设计计算应按附录B的规定执行。

9.4.4 导标位置及轴线方向的测定应符合现行行业标准《水运工程测量规范》(JTS 131)的有关规定。

9.4.5 导标前后标间距需调整时，可沿导标轴线适当调整后标位置，必要时可同时调整前标位置，调整后适用段各部位视觉偏离量不应大于设计偏离量。

9.4.6 导标标身、标牌可采用实体的塔形或标架上置标牌，并符合下列规定。

9.4.6.1 标牌形状可选用矩形、三角形、正方形、梯形、圆形等，其外形轮廓应保持在沿导标轴线观察时具有明显的形状特征。

9.4.6.2 标牌由纤细的板条构成或牌面部分镂空时，其镂空部分面积不得大于标牌面积的1/3，间隙或空孔应均匀分布。

9.4.6.3 导标标身、标牌的表面色应根据背景明暗选用黑色、白色、红色或黄色。在标身正对轴线方向或标牌中间可按下列方式涂与标身颜色不同的竖条，竖条宽度为标身、标牌宽度的1/4。

(1)黑色标身、标牌涂白色或黄色竖条；

(2)白色标身、标牌涂黑色或红色竖条；

(3)红色标身、标牌涂白色竖条；

(4)黄色标身、标牌涂黑色竖条。

9.4.6.4 塔形标身表面应选用表面比较粗糙的材料。正对导标轴线的标身平面可向后倾斜5°~10°。

9.4.6.5 白天使用灯光的导标可适当减小前后标标身、标牌的设计宽度，或视具体情况不安装标牌。

9.4.7 前后导标的灯光射程均应满足导标的最远引航距离，且观察者在使用段观察到的前后标灯亮度应大致相同。导标灯质宜采用前后标同步闪光，也可视具体情况选择后标定光，前标闪光；导标灯光颜色可依背景情况选择白色、红色和绿色，前后标的灯光颜色必须一致。

10 整治建筑物

10.1 一般规定

10.1.1 整治建筑物应与当地环境相协调、便于施工和维护,并宜就地取材。

10.1.2 整治建筑物结构型式应根据自然条件、材料来源、使用要求和施工条件等因素进行选择,并进行技术经济比选。

10.1.3 在满足稳定性、耐久性的前提下,整治建筑物应优先选用生态结构型式。

10.1.4 整治建筑物的材料应符合下列规定。

10.1.4.1 块石应质地坚硬、级配合理,不宜采用片状块石。坝体及面层块石粒径,可根据经验或计算确定。

10.1.4.2 土工织物应满足抗拉、顶破和撕裂等设计强度要求,并应满足设计等效孔径和渗透系数等保土透水性要求。

10.1.4.3 混凝土构件应根据不同地区、不同部位选用适当的水泥。有抗冻要求的混凝土,宜采用普通硅酸盐水泥或硅酸盐水泥,不宜采用火山灰质硅酸盐水泥。

10.1.4.4 航道工程不得使用烧粘土质的火山灰质硅酸盐水泥。

10.1.5 受力复杂、河床松软或工程量大的整治建筑物,应进行稳定计算和地基沉降计算。整治建筑物稳定计算应包括块石粒径、坝体整体稳定、护岸抗滑稳定和锁坝抗滑稳定等。

10.1.6 有流冰的水域,整治建筑物设计应考虑冰凌的影响,并采取适当的防护措施。

10.1.7 根据水深、波浪、水流、地质和地形等条件,坝体结构可分段设计,采用不同断面尺度或不同的结构型式。

10.1.8 坝体结构可采用块石、充填袋等散体结构,也可采用半圆体、沉箱等整体性结构。在水深浅、地基较差、石料来源丰富的地区,可选散体性结构;在水深较深、地基较好、石料稀缺的地区,可选整体性结构。

10.2 护滩和护底

10.2.1 河床地形较平缓且抗冲性较差的部位,护滩和护底结构应优先选用软体排。

10.2.2 河床地形起伏大的部位,护滩和护底结构可采用散抛体,散抛体的大小应满足抗冲稳定的要求。在石料充足、河床抗冲性较好的地区宜采用抛石结构。在河床抗冲性较差的部位,可采用透水构件结构。

10.2.3 护滩和护底软体排结构型式的选择应满足下列要求。

10.2.3.1 在风浪小、水流平稳、水深和流速较小、地形平坦的地区,宜采用散抛压载软体排。

10.2.3.2 在风浪较大、受水流顶冲、地形较平坦、水深和流速较大的地区,宜采用沙肋软体排或混凝土系结块软体排。

10.2.3.3 在受水流顶冲、表面流速大、地形较为复杂和水深较大的地区,宜采用混凝土系结块软体排或混凝土联锁块软体排。

10.2.3.4 在缺乏石料、地形较平坦和河床变形小的地区,宜采用沙被软体排。

10.2.4 软体排设计应满足下列要求。

10.2.4.1 软体排的设计长度应考虑河床地形起伏程度、水深和流速等因素综合确定,确保稳定性。

10.2.4.2 在地形较陡的地区,陆上部分应采用削坡处理,水下部分应采用抛石或土工织物充填袋调整水下坡度,坡度不宜陡于1:2.5。

10.2.4.3 相邻两块排体之间搭接宽度在陆上不得小于1.0m,小型河流水下不得小于2.0m,大型河流或海域水下不得小于3.0m。水深流急情况可适当加大。

10.2.4.4 陆上相邻两块排体之间可采用缝接或系接方式联接。

10.2.4.5 软体排的排头应牢固稳定,宜埋于排头沟内或固定于岸坡固定桩上。当排头固定在岸边有困难时,也可将排头通过压载固定于河底,压载数量和方式应通过计算分析确定。

10.2.4.6 软体排的边缘可采用抛石、抛透水构件或预埋等进行防护。

10.3 丁 坝

10.3.1 块石丁坝坝体结构应符合下列规定。

10.3.1.1 块石丁坝的梯形横截面,迎水坡可取1:1.0~1:2.0,背水坡可取1:1.5~1:3.0。在流速较大的部位,坡度应适当放缓。

10.3.1.2 坝顶宽可取2m~5m,在流速大或有流冰的地区,可取较大值。特殊情况也可适当加宽。

10.3.1.3 坝体抛石应级配合理,并进行理坡和坝面平整。

10.3.2 充填袋填芯坝坝体结构应符合下列规定。

10.3.2.1 坝体的梯形横断面,迎水坡可取1:1.5~1:2.0,背水坡可取1:2.0~1:3.0。坝体顶宽可取2.0m~5.0m,特殊情况也可适当加宽。

10.3.2.2 充填袋坝芯外宜加盖无纺布,外层采用块石护面,块石厚度可取0.7m~1.0m。受波浪影响较大的地区尚应采用人工块体护面。

10.3.2.3 坝体坡脚需设置抛石棱体时,棱体高度宜取1.0m~1.5m,迎水面的棱体顶宽宜取1.0m~1.5m,背水面的棱体顶宽宜取1.5m~2.0m。

10.3.3 丁坝坝顶纵坡应符合下列规定。

10.3.3.1 坝顶纵坡坡度可取1:100~1:300,特长的丁坝应结合滩岸高程调整纵坡。

10.3.3.2 需要在不同水位下发挥作用的丁坝,坝顶可分段采用不同的高程或不同的纵坡坡度。

10.3.3.3 有排冰或其他要求的航道，丁坝坝顶可设为平坡。

10.3.4 丁坝坝根结构应符合下列规定。

10.3.4.1 丁坝坝根宜采用喇叭形接岸。当河岸易冲蚀且水流作用较强时，坝根应嵌入岸坡内，并应适当护坡，防止根部淘刷。

10.3.4.2 坝根护坡长度应根据河岸地质和水流情况确定，上游护坡长度可取 5m ~ 50m，下游护坡长度可取 10m ~ 100m，特殊情况可适当增减。

10.3.4.3 坝根护坡高度应根据地质和地形情况确定，护坡高出坝根顶部不宜少于 1.5m。

10.3.4.4 坝根接岸处的岸坡坡度不宜陡于 1:2.5。

10.3.5 丁坝坝头结构应符合下列规定。

10.3.5.1 坝头平面宜布置成圆滑曲线，向河坡坡度宜取 1:5 ~ 1:10。

10.3.5.2 根据水流对坝头的作用情况，距坝头 5m ~ 15m 范围的坝体顶宽可加宽 1m ~ 3m，充填袋填芯坝坝头加宽段应全部采用块石。坝头可采用人工块体护面。

10.3.6 丁坝坝面结构应符合下列规定。

10.3.6.1 坝面应根据地质、水流和波浪条件采用大块石、浆砌条石、浆砌块石或整体性较好的刚性结构护面。

10.3.6.2 流冰河段坝面的防冰措施，可采用灌注速凝混凝土或钢丝笼装块石将坝面块石联结成整体。

10.3.7 在河床易冲刷变形的河段，丁坝应采取护底措施。护底结构应符合第 10.2 节的有关规定。丁坝护底范围可按表 10.3.7 选取，必要时，通过计算或模型试验确定。

表 10.3.7 丁坝护底范围

河段土质 \ 护底外缘线范围	距迎水坡脚(m)	距背水坡脚(m)	距坝头向河坡脚(m)
容易冲刷	5 ~ 10	10 ~ 15	15 ~ 30
特别容易冲刷	20 ~ 30	30 ~ 40	40 ~ 70

10.3.8 潜丁坝顶宽不宜小于 3m，迎水坡坡度可取 1:1.0 ~ 1:2.5，背水坡坡度可取1:2.0 ~ 1:3.0。在流速大的部位，坡度应放缓。护底的范围可按表 10.3.7 选取。

10.3.9 抛石丁坝的块石粒径可按下列方法确定。

10.3.9.1 水流作用下块石粒径宜根据经验或模型试验确定，当流速大于 3m/s 时，也可按下式估算：

$$d = 0.04V_f^2 \tag{10.3.9}$$

式中 d——块石等容粒径(m)；

V_f——建筑物处的最大表面流速(m/s)。

10.3.9.2 波浪大的水域，建筑物块石的稳定重量可按现行行业标准《防波堤设计与施工规范》(JTS 154—1)的有关规定确定。

10.3.9.3 有流冰和船行波等因素影响的河段，块石粒径应综合分析确定。

10.4 顺　　坝

10.4.1 洲头顺坝的纵坡宜采取与建坝后整治水位时的水面比降反向的坡度;洲尾顺坝纵坡坡度宜与建坝后整治水位时的水面比降一致;护滩顺坝的纵坡可根据滩面地形确定;丁顺坝可采用平坡。必要时纵坡坡度根据模型试验确定。

10.4.2 坝体结构应符合下列规定。

10.4.2.1 顺坝坝顶宽宜取 2m ~ 5m,边坡坡度宜取 1:1.5 ~ 1:3.0。

10.4.2.2 顺坝坝头可适当加宽,顺坝坝头平面宜布置成圆滑曲线,沿坝轴线向河坡坡度为 1:3 ~ 1:10,两侧逐渐变坡与坝身段平顺相接。充填袋填芯坝坝头部分应全部采用块石结构。

10.4.2.3 坝体坡脚需设置抛石棱体时,棱体宽宜取 5m ~ 10m,特殊条件不小于 10m,棱体厚度应不小于 0.5m。

10.4.3 顺坝坝根应进行接岸处理,设计可按第 10.3.4 条的规定执行。

10.4.4 顺坝坝面结构可按第 10.3.6 条的规定执行。

10.4.5 顺坝应采取护底措施,护底结构应按第 10.2 节有关规定执行。

10.4.6 顺坝的块石粒径可按第 10.3.9 条的规定执行。

10.5 锁　　坝

10.5.1 锁坝设计应进行坝面块石尺度、整体稳定、坝下冲刷变形和渗流量等计算。

10.5.2 锁坝坝体结构应符合下列规定。

10.5.2.1 锁坝迎水坡度可取 1:1.5 ~ 1:2.0,背水坡坡度可取 1:2.0 ~ 1:3.0。

10.5.2.2 锁坝顶宽可取 3m ~ 6m,在流速大或有流冰的地区,宜取较大值。

10.5.3 锁坝坝面结构可按第 10.3.6 条的规定执行。

10.5.4 锁坝坝顶可设为平坡,必要时可设为不陡于 1:10 的纵坡。

10.5.5 锁坝坝根结构设计应符合下列规定。

10.5.5.1 锁坝上下游河岸应护坡,上游护坡长度可取 10m ~ 15m,下游护坡长度应通过水力计算确定,但不应小于 15m。护坡高出坝根顶部不宜小于 1m。

10.5.5.2 当坝根与砂卵石江心滩相连接时,应在心滩上开槽,将坝根嵌入一定长度,必要时应进行防渗处理。坝根护岸范围可按第 10.5.5.1 款的规定适当延长。

10.5.6 锁坝坝下应采用柔性防护结构型式,护底设计应按第 10.2 节有关规定执行。护底外缘线至坝脚的距离,上游面可取坝高的 1.5 倍,下游面可取坝高的 3 ~5 倍,也可按式(10.5.6-1)和式(10.5.6-2)进行计算,必要时通过模型试验确定。距坝脚 0.5 倍坝高的范围内应重点加强防护。

$$L = m\Delta h_{\mathrm{p}} \tag{10.5.6-1}$$

$$\Delta h_{\mathrm{p}} = 0.33p\left(\frac{h}{d}\right)^{0.33}\left(\frac{\Delta h}{h}\right)^{0.35} \tag{10.5.6-2}$$

式中　L——护底伸出长度(m);

m——护底稳定边坡系数,取 2.0 ~2.5;

Δh_p——原河床床面起算的冲刷坑最大深度(m);

p——自河床起算的坝高(m);

h——坝下冲刷前水深(m);

d——床沙中值粒径(m);

Δh——锁坝上下游水位差(m)。

10.5.7 位于大流速区的锁坝下游可参照第 10.3.2.3 款设置抛石棱体。

10.5.8 锁坝的块石粒径可按第 10.3.9 条的规定执行。

10.5.9 锁坝整体稳定计算应符合下列规定。

10.5.9.1 锁坝整体稳定,泥质基础可按圆弧滑动计算;沙质基础和卵石基础可按平面滑动计算,如图 10.5.9 所示。

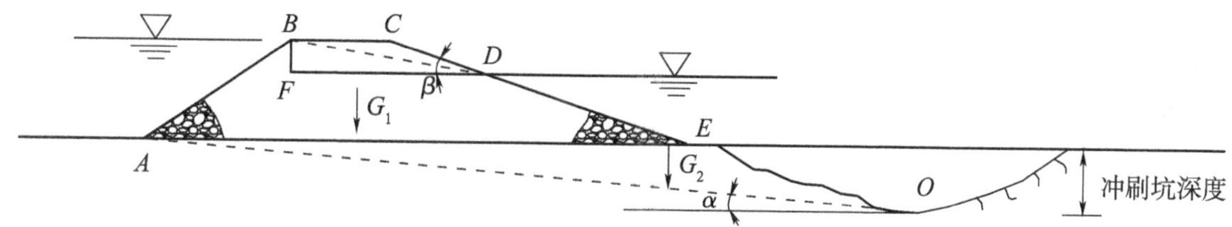

图 10.5.9 锁坝平面滑动整体稳定验算断面示意图

BD-浸润线;AO-最危险滑动面

10.5.9.2 抗滑稳定验算应考虑各级水位下荷载的不利组合。

10.5.9.3 泥质基础上锁坝的圆弧滑动稳定可按现行行业标准《船闸水工建筑物设计规范》(JTJ 307)的有关规定计算。

10.5.9.4 沙质基础和卵石基础上锁坝的平面滑动稳定可按式(10.5.9-1)~式(10.5.9-5)计算,抗滑稳定系数不应小于 1.2。

$$K=\frac{(G_1+G_2)\cos\alpha\tan\varphi}{T_\varphi+(G_1+G_2)\sin\alpha} \tag{10.5.9-1}$$

$$G_1=A_1(\gamma_s-\gamma)+A_0\gamma_s \tag{10.5.9-2}$$

$$G_2=A_2(\gamma_2-\gamma) \tag{10.5.9-3}$$

$$T_\varphi=A_3\gamma J_\varphi \tag{10.5.9-4}$$

$$J_\varphi=\tan\beta=\frac{BF}{DF} \tag{10.5.9-5}$$

式中 K——锁坝抗滑稳定系数;

G_1——锁坝单位长度自重(kN/m);

G_2——滑动棱体基础土的单位长度重量(kN/m);

α——锁坝滑动面与水平面交角(°);

φ——基础土的内摩擦角(°);

T_φ——渗流压力(kN/m);

A_1——浸润线以下锁坝横断面 $ABDE$ 的面积(m^2);

γ_s——块石的重度(kN/m^3);

γ——水的重度(kN/m^3);

A_0——浸润线以上锁坝断面 *BCD* 的面积(m^2);

A_2——基础土断面 *AEO* 的面积(m^2);

γ_2——基础土的重度(kN/m^3);

A_3——渗流面 *ABDEO* 的面积(m^2);

J_φ——渗流水力梯度;

β、*BF*、*DF*——见图 10.5.9。

10.5.10 潜锁坝坝体下游护底范围应适当延长,其平面尺寸及结构可按锁坝有关规定执行。

10.6 填　　槽

10.6.1 填槽设计应符合下列规定。

10.6.1.1 填槽抛填料可选用块石、石笼、土工织物充填袋等。

10.6.1.2 填槽断面宜依自然形状填平至设计高程,横向应与岸坡河底平顺衔接。

10.6.1.3 充填袋填槽的充填料级配应合理,充填袋长度可取 3m ~ 8m,直径可取0.5m ~ 2.0m,厚度不应小于 1.5m,面层应进行抛石盖面,厚度不应小于 0.7m。特殊情况下充填袋长度、直径、厚度可加大。

10.6.2 填槽与岸坡的衔接设计可按第 10.3.4 条的规定执行。

10.7 护　　岸

10.7.1 潮汐河口航道护岸设计应符合《防波堤设计与施工规范》(JTS 154—1)的有关规定。

10.7.2 内河航道护岸除参照《防波堤设计与施工规范》(JTS 154—1)的有关规定执行外,尚应执行下列规定。

10.7.2.1 平顺护岸宜采用斜坡式断面结构,主要应由护底、水下护坡及护脚和水上护坡等组成,水上护坡宜由枯水平台、盲沟、反滤层、护面和护肩等组成,如图 10.7.2 所示。

10.7.2.2 护底宜采用系结压载软体排,河床冲刷较小的护岸段也可采用抛石或充填袋结构。

10.7.2.3 当采用抛石或充填袋结构时,应满足下列要求:

(1)抛石护底范围,受水流顶冲、河床有局部冲刷坑且深泓贴岸的护岸河段,抛石护底内侧与护脚衔接,外侧抛至深泓线;非迎流顶冲的护岸河段,枯水位以下坡度较陡时,抛至河床横向坡度为 1:3 ~ 1:4或深槽的一定高程处,在近岸护底段加抛防冲填料,防止冲刷加剧;当采用充填袋结构时,采取抛石盖面;

(2)抛石厚度不小于抛筑块石粒径的 2 倍,水深流急处适当加大。

10.7.2.4 当采用软体排结构时,护底除应符合第 10.2 节的有关规定外,尚应满足下列要求:

(1)护底排体的排头与多年平均最低水位以下的护脚部分搭接,或直接埋入脚槽;在岸坡较缓,深泓离岸较远的水流平顺段,可护至坡度为1:3～1:4的缓坡河床处;在深泓贴岸段,排尾位置达到或接近深槽最深处;

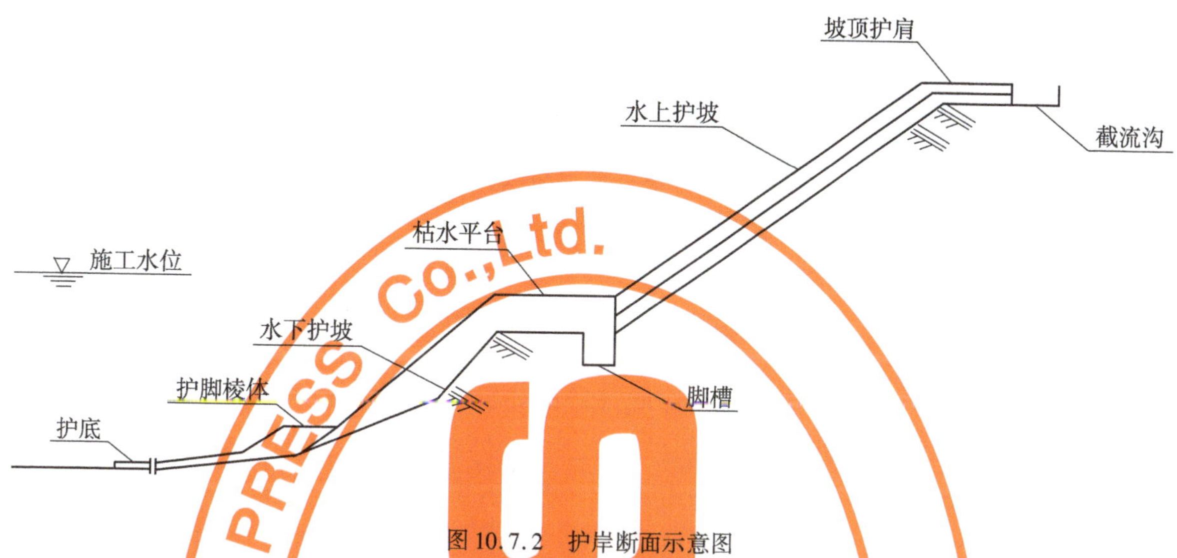

图 10.7.2　护岸断面示意图

(2)护底排体按垂直于护岸轴线逐条布置,每条排体的宽度不小于15m,顺水流方向上游排体压下游排体;

(3)排尾处块石或充填袋压载,块石粒径取0.2m～0.5m,或按抛石抗冲粒径计算确定。

10.7.2.5　水下护坡的护坡体和护脚棱体宜采用块石、混凝土块、石笼或块石与充填袋混合的结构,护坡体的抛石粒径应根据水深和流速等因素确定,水下护坡和护脚棱体的尺度宜通过稳定计算确定。水下护坡的向河外边线位置宜通过稳定计算确定,护坡的坡度宜为1:2.5～1:3.5。护脚棱体的外侧坡度不应陡于1:2,棱体厚度可取块石粒径的2倍,水深流急处厚度宜增大至3～4倍。水下护坡上端宜抛至枯水平台。间断式平顺护岸的间断部分应进行削坡和护脚。

10.7.2.6　水上护坡的枯水平台宜采用块石结构,枯水平台宽度可取1m～3m,平台顶高程不宜低于施工水位。平台内侧可设断面面积为0.6m^2～1.0m^{2}的矩形脚槽。

10.7.2.7　水上护坡应在平整坡面和回填凹坑的基础上设置,对于较陡的河岸尚应削坡至设计坡度,坡度可采用1:1.5～1:3.0。护坡与土体之间宜铺设无纺布或砂石反滤层,当采用砂石反滤层时,层厚不宜小于0.15m;对含水率较大的软土岸坡,反滤层宜采用回填砂与无纺布相结合的形式。有地下水渗出的岸坡,宜设置"Y"形或"T"形排水盲沟,盲沟断面及数量应根据地下水溢出点位置、渗流量大小和岸坡土质条件等确定。

10.7.2.8　水上护坡的坡面和坡顶护肩宜采用干砌块石、钢丝网护垫、干砌混凝土块或浆砌块石。块体尺度和重量可通过水流、风浪、船行波和流冰等作用下的稳定计算综合确定。采用浆砌块石时应设置排水孔和变形缝,排水孔孔径可取0.05m～0.10m,孔距可取2m～3m,并宜按梅花形布置。护肩的宽度宜取0.5m～1.0m。

10.7.2.9　护岸顶高程宜根据工程需要、河岸土质和植被情况确定,不宜低于整治水位时波浪最大爬高以上 1.0m,必要时护至河漫滩滩顶。砂土地区护坡坡度宜取 1:2.5 ~ 1:3.0,抗冲性较好的坡岸宜取 1:1.5 ~ 1:2.5,在满足稳定要求的条件下,可选取偏陡的数值。

10.7.3 平顺护岸的起止点应通过论证确定,宜设在岸坡较平缓稳定处,护岸两端应与河岸平顺衔接过渡,过渡段长度宜为 10m ~ 50m。过渡段应进行削坡,水上和水下边坡应抛石护坡。

10.8 鱼　嘴

10.8.1 固滩鱼嘴宜采用导堤式结构,导堤式结构应由圆弧段、两侧导堤段和堤后格坝组成,并应符合下列规定。

10.8.1.1 鱼嘴圆弧段的护底宜采用系结压载软体排,垂直于坝轴线铺设,并相互搭接。迎水面的余排宽度宜通过冲刷计算或试验确定,背水面的余排宽度可取堤高的 3 ~ 5 倍。堤身宜采用块石或充填袋填芯混合结构,断面尺寸宜按第 10.5 节的有关规定确定。

10.8.1.2 鱼嘴两侧导流段应考虑沿堤流的作用,护底宜采用系结压载软体排。余排宽度,迎水面可取 15m ~ 20m,背水面可取 10m ~ 15m,必要时应通过冲刷计算或试验确定。堤身宜采用块石或充填袋填芯混合结构,断面尺寸宜按第 10.4 节的有关规定确定。堤顶纵坡可采用逆坡,坡度可取 1:300 ~ 1:800。

10.8.1.3 鱼嘴内侧格坝可布置在靠近圆弧段末端的适当部位,格坝的结构可按第 10.5 节的有关规定确定。

10.8.1.4 鱼嘴尾部应与江心洲稳定河岸平顺衔接,防止连接处被水流淘刷。

10.8.2 护洲鱼嘴的结构设计可按第 10.7.2 条的规定执行。

10.8.3 分流鱼嘴的结构设计可按第 10.8.1 条的规定执行。

10.9 栅 栏 坝

10.9.1 栅栏坝宜建在岩石地基上,嵌入基岩的深度不应小于 0.5m。非岩石地基时,应加强地基处理。

10.9.2 栅栏坝墩宜采用质地坚硬的浆砌条石或钢筋混凝土结构。

10.9.3 栅栏宜采用钢梁,栅栏间距根据拦挡块石的大小确定,一般可采用 0.2m ~ 0.5m。

10.9.4 栅栏坝的设计应对坝体进行抗倾和抗滑稳定性、坝墩和栅栏强度验算;对地基应进行地基承载力和整体稳定性验算;设计流量可通过溪沟流域暴雨洪水计算确定。

10.10 防 沙 堤

10.10.1 防沙堤设计应符合《防波堤设计与施工规范》(JTS 154—1)的有关规定。

附录A 水力计算

A.1 一般规定

A.1.1 航道整治工程的水力计算应包括整治前后的水面线变化、汊道的分流比、断面流速分布和整治建筑物局部冲刷等内容。

A.2 河流水面线计算

A.2.1 水面线可按下列水流连续方程和水流运动方程等恒定流方程进行计算:

$$Q = BhV \tag{A.2.1-1}$$

$$H_2 + \frac{\alpha_2 V_2^2}{2g} = H_1 + \frac{\alpha_1 V_1^2}{2g} + h_f + h_j \tag{A.2.1-2}$$

$$h_f = \frac{Q^2}{\overline{K}^2}\Delta L \tag{A.2.1-3}$$

$$\overline{K} = \frac{1}{n}Bh^{5/3} \tag{A.2.1-4}$$

$$h_j = \zeta\left(\frac{V_1^2}{2g}\right) \tag{A.2.1-5}$$

式中 Q——计算流量(m^3/s)

B——计算断面水面宽度(m);

h——计算断面平均水深(m);

V——计算断面平均流速(m/s);

H_2、H_1——计算段上、下游断面的水位(m);

α_2、α_1——计算段上、下游断面动能改正系数;

V_2、V_1——计算段上、下游断面的平均流速(m/s);

g——重力加速度(m/s^2);

h_f——沿程水头损失(m);

h_j——局部水头损失(m);

ΔL——上下断面间距(m);

$\overline{K}$——计算段平均流量模数;

n——糙率;

ζ——局部阻力系数。

A.2.2 整治前水面线计算的糙率可按下列方法确定。

A.2.2.1 沿程断面变化不大的平顺河段局部水头损失可忽略不计,糙率可根据实测水面线及相应流量,采用式(A.2.1-2)~式(A.2.1-4)反求,自计算段下端推算至上端,直至水面线与实测水位吻合。计算断面的选取,应以上下两断面间河段在平面上变化不大,上下过水断面面积相近为原则。计算断面间距,平原河流可取1~2倍河宽,山区河流宜小于河宽。在断面变化较大的河段,应增加反映河床断面变化特征的计算断面。

A.2.2.2 复式断面的周边糙率与主槽糙率有明显差异时,应在分别确定各单元糙率的基础上计算复式断面的综合糙率。

A.2.2.3 对有跌水、强烈漩流、突然放宽或收缩的河段,可取河床质组成相似的相邻河床的糙率作为该河床的糙率。

A.2.2.4 无实测资料时,可按有关糙率表取用。

A.2.3 整治前水面线计算的局部阻力系数可按下列方法确定。

A.2.3.1 有跌水和断面变化较大的顺直河段可按第A.2.2条规定的方法确定糙率,采用式(A.2.1-2)~式(A.2.1-5)反求局部阻力系数。

A.2.3.2 弯道河段的局部阻力系数可采用式(A.2.1-5)和式(A.2.3)并结合图A.2.3-1~图A.2.3-2计算。

$$\zeta = 0.10 + \zeta_0 \tag{A.2.3}$$

式中 ζ——弯道河段局部阻力系数;

ζ_0——参数,当弯道凹岸无溪口边滩时为0;当弯道凹岸有溪口边滩时按图A.2.3-2取值。

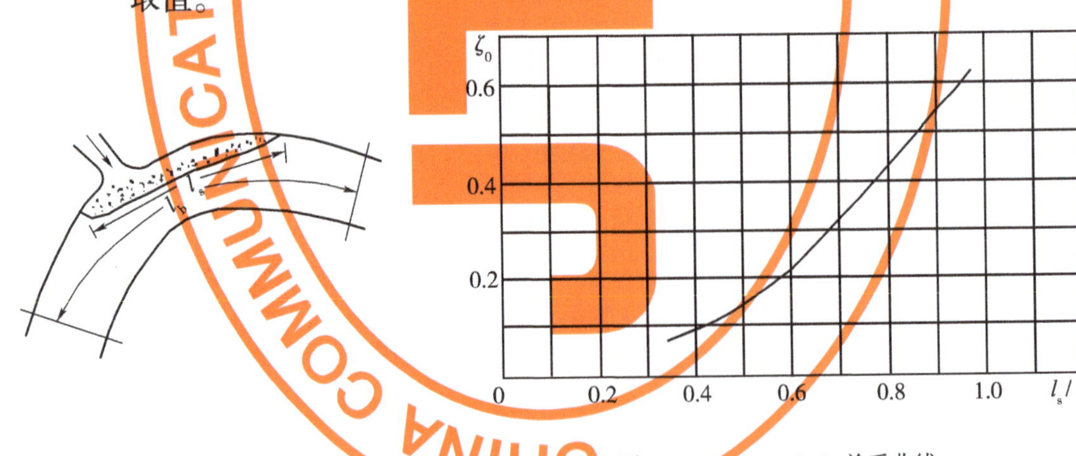

图A.2.3-1 弯道凹岸边滩示意图

l_s-溪口边滩长度;l_b-弯道段长度

图A.2.3-2 $\zeta_0 \sim l_s/l_b$ 关系曲线

A.2.4 水面线计算的动能改正系数,平原河流可取1.0~1.1,山区河流可适当加大。

A.2.5 整治后水面线计算的各项参数可按下列方法确定。

A.2.5.1 砂卵石河床的糙率可采用整治前的糙率,石质河床可根据具体情况分析确定。

A.2.5.2 整治后局部阻力系数可按下列公式估算:

$$\zeta' = \kappa\left(1 - \frac{A'_2}{A'_1}\right) \tag{A.2.5-1}$$

$$\kappa = \frac{\zeta A_1}{(A_1 - A_2)} \tag{A.2.5-2}$$

式中 ζ、ζ'——整治前后的局部阻力系数；

κ——系数；

A'_2、A'_1——整治后上、下游断面过水面积(m^2)，A'_2取在最小过水断面处；

A_2、A_1——整治前上、下游断面过水面积(m^2)，A_2 取在最小过水断面处。

A.2.6 整治建筑物非淹没条件下的水面线计算应符合下列规定。

A.2.6.1 丁坝群束窄河床的计算，可将丁坝或坝田范围内所拦截的过水面积从总过水面积中扣除，按第 A.2.1 条～第 A.2.5 条的规定进行水面线计算。

A.2.6.2 单丁坝束窄河床的计算，可从下游控制断面按天然河流水面线计算方法推算至丁坝回流区末端，求得坝下水位，加上丁坝壅水高度，得出坝上游距丁坝 3 倍坝头水深处的水位，再用水面线计算公式由该处向上游推算至所需位置。在建坝初期河床尚未调整的情况下，单丁坝壅水高度可按下式计算：

$$\Delta Z = \frac{Q^2}{2g(\varepsilon\phi B_2 H)^2} - \frac{V_0^2}{2g} \tag{A.2.6}$$

式中 ΔZ——单丁坝壅水高度(m)；

Q——计算流量(m^3/s)；

g——重力加速度(m/s^2)；

ε——侧收缩系数，根据试验确定或采用类似情况的实测值，无资料时取 0.80；

ϕ——流速系数，根据试验确定或采用类似情况的实测值，无资料时取 0.85；

B_2——建坝后计算流量下丁坝处水面宽度(m)；

H——B_2 范围内的平均水深(m)；

V_0——行近流速(m/s)。

A.2.6.3 顺坝的壅水高度可按顺坝垂直于水流方向的投影长度，并参照 A.2.6.2 款的方法进行计算。

A.2.7 挖槽和炸槽施工后水面线计算应符合下列规定。

A.2.7.1 在较宽直的河段上，当水位降落不大时，施工后的糙率可取施工前的糙率。水面降落值可采用下列方法计算：

(1)施工后浅滩上断面水位降落值按下列公式计算：

$$\left(1 + \frac{\Delta H_0}{H_0} - \frac{\Delta Z_1}{2H_0}\right)^{10/3}\left(1 - \frac{\Delta Z_1}{\Delta Z_0}\right) = 1 \tag{A.2.7-1}$$

$$\Delta H_0 = \frac{b_n}{B_0}\Delta h_n \tag{A.2.7-2}$$

式中 ΔH_0——施工后计算段平均水深的增加值(m)；

H_0——施工前计算段的平均水深(m)；

ΔZ_1——施工后浅滩上断面水位降低值(m)，如图 A.2.7 所示；

ΔZ_0——施工前计算段水面落差(m)；

b_n——挖槽宽度(m);

Δh_n——挖槽内平均挖深(m);

B_0——原河床宽度(m)。

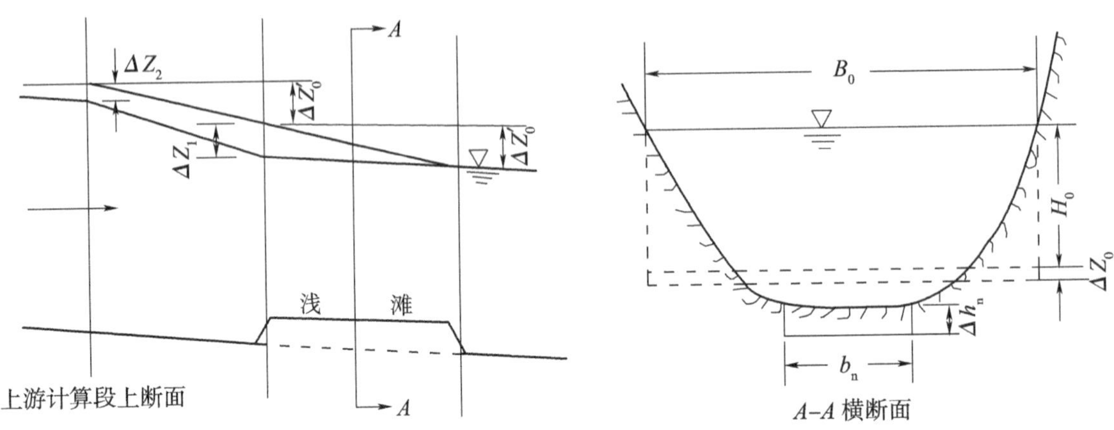

图 A.2.7 施工后水面降落示意图

(2)施工后浅滩上游计算段上断面水位降落值按下式计算:

$$\left(1-\frac{\Delta Z_1+\Delta Z_2}{2H'_0}\right)^{10/3}\left(1+\frac{\Delta Z_1-\Delta Z_2}{\Delta Z'_0}\right)=1 \qquad (A.2.7\text{-}3)$$

式中 ΔZ_1——施工后浅滩上断面水位降低值(m);

ΔZ_2——施工后浅滩上游计算段上断面水位降低值(m);

H'_0——施工前上游计算段的平均水深(m);

$\Delta Z'_0$——施工前上游计算段水面落差(m)。

(3)当挖槽较长、糙率可近似认为不变时,按式(A.2.7-1)~式(A.2.7-3)向上游逐段推算降低值。

A.2.7.2 当挖槽和炸槽施工前后的糙率有明显改变时,施工后的综合糙率可按式(A.2.7-4)计算,并按第A.2.1条的规定进行水面线计算。

$$n=\sqrt{\frac{n_p^2\chi_p+n_n^2\chi_n}{\chi_p+\chi_n}} \qquad (A.2.7\text{-}4)$$

式中 n——施工后河床的综合糙率;

n_p——施工前河床的糙率;

χ_p——施工前河床的湿周(m);

n_n——施工后槽内的糙率;

χ_n——施工后槽内的湿周(m)。

A.2.7.3 较长河段中相邻数个滩段,因挖槽和炸槽引起的水位降落值,可从下游往上游逐滩推算。

A.3 分汊河段水力计算

A.3.1 分汊河段应进行各汊水面线及相应分流量的水力计算,计算可按总流量等于各汊流量之和及各汊在分流点和汇流点水位相等的原则,采用式(A.2.1-1)和式(A.2.1-2)试算。

A.3.2 在非通航汊道中建锁坝堵汊,应进行壅水高度和水面线变化的水力计算,计算方法应符合下列规定。

A.3.2.1 锁坝溢流时,壅水高度可按式(A.3.2-1)~式(A.3.2-4)计算。计算时,应根据式(A.3.2-2)的计算值判别溢流状态,按式(A.3.2-3)或式(A.3.2-4)分别计算自由出流或淹没出流的锁坝上游坝顶上水头,再按式(A.3.2-1)计算各级流量下锁坝上游的壅水高度。

$$\Delta Z = H_0 - \frac{\alpha V_0^2}{2g} - h_n \tag{A.3.2-1}$$

$$h_k = \left(\frac{\alpha q^2}{g}\right)^{1/3} \tag{A.3.2-2}$$

$$H_0 = \left(\frac{Q_2^2}{2g\varepsilon^2 m^2 B_0^2}\right)^{1/3} \tag{A.3.2-3}$$

$$H_0 = \left(\frac{Q_2^2}{2g\sigma^2 \varepsilon^2 m^2 B_0^2}\right)^{1/3} \tag{A.3.2-4}$$

式中 ΔZ——锁坝壅水高度(m),见图A.3.2;

H_0——锁坝上游坝顶上水头(m);

α——动能改正系数,取1.0~1.1;

V_0——行近流速(m/s);

g——重力加速度(m/s^2);

h_n——计算流量下锁坝下游正常水位与坝顶高程之差(m),正常水位低于坝顶高程时为负值,当$h_n > 1.3h_k$时为淹没出流;当$h_n < 1.3h_k$时为自由出流;

h_k——临界水深(m);

q——单宽流量(m^3/s·m);

Q_2——计算汊道总流量与锁坝渗流量的差值(m^3/s),当潜锁坝上下游水位差不大且渗流量小时,锁坝渗流量忽略不计;

ε——侧收缩系数,根据坝顶宽度、形状和水深等,参照宽顶堰计算方法选用或采用已建类似锁坝的实测值;

B_0——锁坝的过水平均宽度(m);

m——流量系数,与$\Delta Z/H_0$有关,根据式(A.3.2-3)或式(A.3.2-4)及图A.3.2试算确定;

σ——淹没系数,与h_n/h_0有关。

A.3.2.2 当锁坝坝顶露出水面且为抛石结构时,渗流量可按下列公式计算:

$$Q_\phi = LK_\phi\left[\frac{2\Delta Z^{1/2}}{m_1 + m_2}(b_d^{1/2} - b_n^{1/2}) + \frac{\Delta Z^{3/2}}{\sqrt{3(b_n - m_1\Delta Z)}}\right] \tag{A.3.2-5}$$

$$K_{\phi} = C_0 P d^{1/2} \tag{A.3.2-6}$$

式中 Q_{ϕ}——锁坝渗流量(m^3/s);

L——坝体的有效长度(m);

K_{ϕ}——渗透系数;

ΔZ——锁坝上下游水位差(m);

b_d——坝体横断面底宽(m);

b_n——与坝下游水面齐平的坝体横断面宽度(m);

m_1、m_2——锁坝上、下游边坡系数;

C_0——紊流渗透流速系数,与块石粒径 d 有关,当 $50mm < d < 500mm$ 时,$C_0 = 20 - a/d$,圆形石块 a 取 14,破碎石块 a 取 5;

P——坝体孔隙率,按实测资料确定,无资料时,采用 0.35~0.50;

d——块石的等容粒径(m),$d = (6W/\pi)^{1/3}$,W 为块石体积(m^3)。

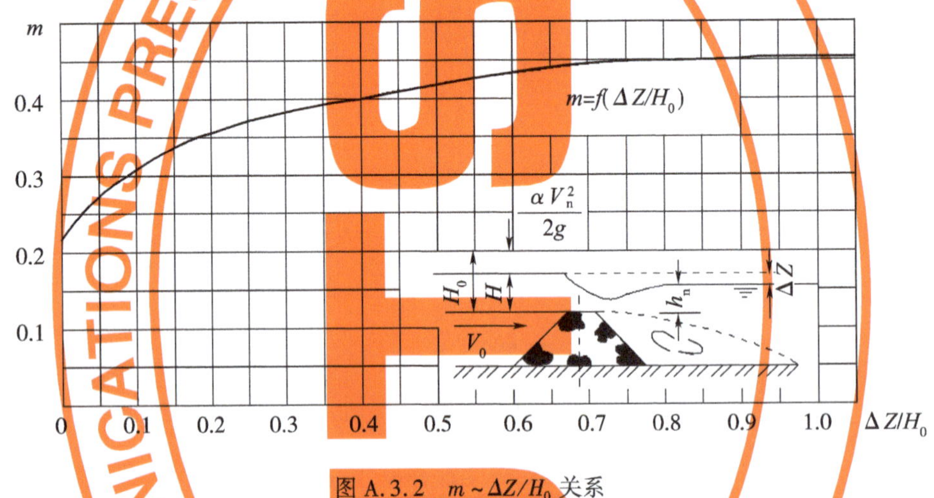

图 A.3.2 $m \sim \Delta Z/H_0$ 关系

A.3.3 航道整治的裁弯取直,应计算新老河槽的分流比、水面线和上游水位降落,预测新槽的发展趋势。在石质河床上另辟新槽时,应计算槽内比降、流速和断面系数,并应考虑局部水头损失。

A.4 流速分布计算

A.4.1 在验证整治设计效果时,应计算工程前后不同水位下垂线平均流速的平面分布和丁坝附近的流速分布等。

A.4.2 比较顺直、水流平顺和不存在横比降的河段,可采用绘制水流平面图的方法,并按下列公式进行流速平面分布计算:

$$V_i = \frac{1}{n_i} h_i^{2/3} J_i^{1/2} \tag{A.4.2-1}$$

$$q_i = b_i h_i V_i = \frac{J_i^{1/2}}{n_i} b_i h_i^{5/3} \tag{A.4.2-2}$$

$$Q = \sum_{i=1}^{m} q_i = \sum_{i=1}^{m} \frac{J_i^{1/2}}{n_i} b_i h_i^{5/3} \tag{A.4.2-3}$$

式中 V_i——各流带平均流速(m/s);

h_i——各流带水深(m);

J_i——各流带比降;

n_i——各流带糙率;

q_i——流带单元流量(m^3/s);

b_i——各流带宽度(m);

Q——总流量(m^3/s);

m——流带数。

A.4.3 基建性挖槽的流速变化,可按第A.4.2条规定的方法计算。应通过比较挖槽施工前后的流速和流向变化,分析其稳定性。

A.4.4 在比较顺直的河流上,非淹没丁坝收缩断面至丁坝的距离可按下列公式估算:

$$L_d = \psi B_2 \tag{A.4.4-1}$$

$$\Delta A = \frac{A - A'}{A} \tag{A.4.4-2}$$

式中 L_d——收缩断面至丁坝的距离(m),如图A.4.4所示;

ψ——系数,按表A.4.4取值;

B_2——丁坝断面的水面宽度(m);

ΔA——计算水位时过水断面面积的收缩率;

A——计算水位时丁坝断面处工程前的过水断面面积(m^2);

A'——丁坝拦截的过水断面面积(m^2)。

图A.4.4 丁坝束水平面示意图

表A.4.4 ΔA与ψ关系表

ΔA	0.50	0.60	0.70	0.80	0.90
ψ	0.50	0.46	0.42	0.38	0.34

A.4.5 非淹没丁坝影响范围内的流速分布可按下列方法估算:

(1)在扣除丁坝和回流区所占面积后,绘制水流平面图,求出丁坝束水区的流速分布;

(2)筑坝后丁坝断面的流速分布采用三角形迭加法计算;

(3)收缩断面流速分布按丁坝断面相同的条数划分流带,采用式(A.4.5-1)~式

(A.4.5-3)进行试算。试算时,假定各流带与丁坝断面相应流带的面积比,求得各流带的流速和计算断面流量,当计算断面流量与已知的总流量不符时再重新试算,直至相等。

$$\varepsilon=\frac{b_c h_c}{b_2 h_2} \tag{A.4.5-1}$$

$$b_2 h_2 V_2=b_c h_c V_c \tag{A.4.5-2}$$

$$h_2+\frac{\alpha V_2^2}{2g}=h_c+\frac{\alpha V_c^2}{2g} \tag{A.4.5-3}$$

式中 ε——各流带与丁坝断面相应流带的面积比;

b_2、b_c——丁坝断面流带、收缩断面相应流带的宽度(m);

h_2、h_c——丁坝断面流带、收缩断面相应流带的水深(m);

V_2、V_c——丁坝断面流带、收缩断面相应流带的流速(m/s);

α——动能改正系数,取1.0~1.1;

g——重力加速度(m/s^2)。

A.5 建筑物局部冲刷计算

A.5.1 丁坝坝头局部冲刷可按下列公式计算:

$$h_p=\left(\frac{1.84h}{0.5L+h}+0.0207\frac{V-V_c}{\omega}\right)LK_m K_\alpha \tag{A.5.1-1}$$

$$K_\alpha=\left(\frac{\alpha}{90}\right)^{1/3} \tag{A.5.1-2}$$

$$V_c=3.6(hd)^{1/4} \tag{A.5.1-3}$$

式中 h_p——计算水面下冲刷坑的最大水深(m);

h——计算水面下冲刷前拟建丁坝坝头处的水深(m);

L——丁坝在过水断面上的有效投影长度(m);

V——丁坝头部水流的垂线平均流速(m/s);

V_c——非粘性土的冲刷流速(m/s);

ω——泥沙颗粒沉速(cm/s),按表A.5.1-1取值;

表A.5.1-1 d与ω关系表

d (mm)	ω (cm/s)	d (mm)	ω (cm/s)	d (mm)	ω (cm/s)	d (mm)	ω (cm/s)	d (mm)	ω (cm/s)	d (mm)	ω (cm/s)
0.02	0.02	0.09	0.41	0.70	7.3	4.0	27	15	51	80	100
0.03	0.046	0.10	0.51	0.80	8.4	5.0	30	20	59	90	105
0.04	0.082	0.20	1.7	0.90	9.6	6.0	33	30	69	100	110
0.05	0.12	0.30	2.8	1.0	10.7	7.0	36	40	77	150	135
0.06	0.18	0.40	3.9	1.5	16	8.0	38	50	84	200	153
0.07	0.25	0.50	5.1	2.0	19	9.0	40	60	90		
0.08	0.33	0.60	6.2	3.0	23	10.0	43	70	95		

K_m——与丁坝头部向河边坡系数有关的系数,按表A.5.1-2取值;

K_α——与丁坝轴线和流向之间夹角有关的系数;

α——丁坝轴线和水流流向间的夹角(°),$\alpha > 90°$时为上挑丁坝;

d——泥沙中值粒径(m)。

表A.5.1-2 m与K_m关系表

m	1.0	1.5	2.0	2.5	3.0	3.5
K_m	0.71	0.55	0.44	0.37	0.32	0.28

A.5.2 潜坝下游河床冲刷可按下式计算:

$$\Delta h_p = 0.33p\left(\frac{h}{d}\right)^{0.33}\left(\frac{\Delta h}{h}\right)^{0.35} \tag{A.5.2}$$

式中 Δh_p——从河底算起的局部冲刷深度(m);

p——自河床起算的坝高(m);

h——坝下冲刷前水深(m);

d——床沙中值粒径(m);

Δh——潜坝上下游水位差(m)。

A.5.3 水流平行于防护工程产生的冲刷深度可按下式计算:

$$\Delta h_B = h_p\left[\left(\frac{V_{cp}}{V_a}\right)^{1/4} - 1\right] \tag{A.5.3}$$

式中 Δh_B——局部可能最大冲刷深度(m);

h_p——冲刷处冲刷前的水深(m);

V_{cp}——平均流速(m/s);

V_a——河床面上允许不冲流速(m/s)。

A.5.4 水流斜冲防护工程产生的冲刷深度可按下式计算:

$$\Delta h_p = \frac{23\left(\tan\frac{\alpha}{2}\right)V_j^2}{\sqrt{1+m^2}\cdot g} - 30d \tag{A.5.4-1}$$

$$V_j = \frac{Q_1}{B_1 - h_1}\cdot\frac{2\eta}{1+\eta} \tag{A.5.4-2}$$

$$V_j = \frac{Q}{W - W_p} \tag{A.5.4-3}$$

式中 Δh_p——从河底算起的局部冲刷深度(m);

α——水流流向与岸坡交角(°);

m——防护建筑物迎水面边坡系数;

d——坡脚处泥沙计算粒径(cm),对非粘性土,取大于15%重量的筛孔直径;

g——重力加速度(m/s^2);

V_j——水流的局部冲刷流速(m/s),滩地河床按式(A.5.4-2)计算,无滩地河床按式(A.5.4-3)计算;

Q_1——通过河滩部分的设计流量(m^3/s);

B_1——河滩宽度,从河槽边缘至坡脚距离(m);

h_1——河滩水深(m);

η——水流流速分配不均匀系数,根据 α 角按表 A.5.4 采用;

Q——设计流量(m^3/s);

W——原河道过水断面面积(m^2);

W_p——河道缩窄部分的断面面积(m^2)。

表 A.5.4 水流流速分配不均匀系数

α	≤15°	20°	30°	40°	50°	60°	70°	80°	90°
η	1.00	1.25	1.50	1.75	2.00	2.25	2.50	2.75	3.00

附录 B　导标设计计算方法

B.0.1　船舶沿导标轴线航行时，双向和单向航道容许偏离量可分别按式(B.0.1-1)和(B.0.1-2)计算，视觉偏离量可按式(B.0.1-3)计算，设计偏离量宜取容许偏离量的2/3。

双向航道

$$P_r = \frac{A+b}{2} = \frac{W-A}{2} - C \tag{B.0.1-1}$$

单向航道

$$P_r = \frac{A}{2} \tag{B.0.1-2}$$

$$P_s = \frac{D^2 + Dd}{3438d} \tag{B.0.1-3}$$

式中　P_r——容许偏离量(m)；

A——航迹带宽度(m)；

b——船舶间富裕宽度(m)；

W——航道宽度(m)；

C——船舶与航道底边间的富裕宽度(m)；

P_s——视觉偏离量(m)；

D——观察距离(m)，自前标至使用段某观察点的距离；

d——导标间距(m)。

B.0.2　导标前后标之间的距离应按式(B.0.2)计算。使用段各部位设计偏离量不同的航道，应根据各部位的设计偏离量和观察距离分别计算导标间距，取其中最大值作为设计导标间距。人工开挖航道和使用段各部位设计偏离量相同的航道，应取前标至使用段起导点的距离为观察距离计算设计导标间距。

$$d = \frac{D^2}{3438P - D} \tag{B.0.2}$$

式中　d——导标间距(m)；

D——观测距离(m)，自前标至使用段某观测点的距离；

P——设计偏离量(m)。

B.0.3　前标标顶最小高程，应保持在平均大潮高潮时，观察者在搜寻区起点处至少能够看到前标标身最小高度。满足地理视距需要的前标极限高程可按式(B.0.3-1)计算，前标标顶最小高程可按式(B.0.3-2)计算。前标标顶设计高程应不小于计算的前标标顶最小高程，根据具体情况可适当加大。

$$h_0 = \left(\frac{D_s}{3895} - \sqrt{e}\right)^2 \tag{B.0.3-1}$$

$$h_{min} = h_1 + h_2 \tag{B.0.3-2}$$

式中　h_0——满足地理视距需要的前标极限高程(m),即通过水天线的视线在前标标位处的高程,自平均大潮高潮面起算;

D_s——前标至搜寻区起点的距离(m),即前标至使用段起导点与使用段起导点至搜寻区起点的距离之和,后者可取自前标至使用段起导点距离的10%~20%,根据具体情况可适当增减;

e——观察者眼高(m),应根据航道设计船型确定;

h_{min}——前标标顶最小高程(m),自平均大潮高潮面起算;

h_1——前标标身最小高度(m),取标身顶部(标牌)宽度的2~3倍;

h_2——前标标身最小高度的底部的高程(m),自平均大潮高潮面起算;当前标至搜寻区起点的距离大于观察者眼高的地理视距时,应取前标标位处满足地理视距需要的前标极限高程和该处自平均大潮高潮面起算的地面高程中较大者;当前标至搜寻区起点的距离等于或小于观察者眼高的地理视距时,应取前标标位处自平均大潮高潮位起算的地面高程,如前标标位处的地面低于平均大潮高潮位,应取0。

B.0.4　导标后标标顶高程可按式(B.0.4-1)计算,当后标至适用段某点的距离小于8000m并等于或小于观察者眼高的地理视距时,后标标顶高程可按式(B.0.4-2)计算。后标标身最小高度不应小于标身顶部、标牌宽度的2~3倍。

$$H=(D+d)\left(\frac{h-e}{D}+6.59\times10^{-8}d+0.00029\alpha\right)+e \tag{B.0.4-1}$$

$$H=(D+d)\left(\frac{h-e}{D}+0.00029\alpha\right)+e \tag{B.0.4-2}$$

式中　H——后标标顶高程(m),自平均大潮高潮面起算;

D——观察距离(m),自前标至使用段某观察点的距离;

d——导标间距(m);

h——前标标顶高程(m),自平均大潮高潮面起算;

e——观察者眼高(m);

α——前后标标顶垂直张角(′)。

B.0.5　前后标标顶垂直张角应按式(B.0.5-1)计算。导标后标至使用段某点的距离小于8000m并等于或小于眼高地理视距时,前后标标顶垂直张角可按式(B.0.5-2)计算。

$$\alpha=3438\left(\frac{H-e}{D+d}-\frac{h-e}{D}-6.59\times10^{-8}d\right) \tag{B.0.5-1}$$

$$\alpha=3438\left(\frac{H-e}{D+d}-\frac{h-e}{D}\right) \tag{B.0.5-2}$$

式中　α——前后标标顶垂直张角(′);

H——后标标顶高程(m),自平均大潮高潮面起算;

e——观察者眼高(m);

D——观察距离(m),自前标至使用段某观察点的距离;

d——导标间距(m);

h——前标标顶高程(m),自平均大潮高潮面起算。

B.0.6 在使用段的任何部位处观察时,前后标标顶垂直张角应控制在2′~14′之间,重要部位处宜控制在3′~4′。前后标标顶垂直张角最大处距前标的距离应按式(B.0.6-1)计算。前后标标顶垂直张角大于14′且小于60′时,可根据具体情况,适当加大导标间距,加大的导标间距可按式(B.0.6-2)计算。

$$D_D = d\left(\frac{\sqrt{h-e}}{\sqrt{H-e}-\sqrt{h-e}}\right) \quad \text{(B.0.6-1)}$$

$$d = \frac{D^2}{\frac{3438p}{n} - D} \quad \text{(B.0.6-2)}$$

式中 D_D——标顶垂直张角最大处距前标的距离(m);

d——导标间距(m);

h——前标标顶高程(m),自平均大潮高潮面起算;

e——观察者眼高(m);

H——后标标顶高程(m),自平均大潮高潮面起算;

D——观察距离(m),自前标至使用段某观察点的距离;

p——设计偏离量(m);

n——系数,当标顶垂直张角等于14′时为1,大于14′时,每增大1′,增加0.035。

B.0.7 导标标身、标牌的外形轮廓应保持在沿导标轴线观察时具有明显的形状特征,其设计宽度取值应符合下列规定。

B.0.7.1 标身、标牌的初显宽度可按式(B.0.7-1)计算,显形宽度可按式(B.0.7-2)计算。

$$B_c = 0.00029D_m \quad \text{(B.0.7-1)}$$

$$B_X = \frac{0.00029D_m}{c} \quad \text{(B.0.7-2)}$$

式中 B_c——标身、标牌的初显宽度(m);

D_m——观察距离(m),自观察者至观察目标的距离;

B_X——标身、标牌的显形宽度(m);

c——显形系数,三角形标牌取0.6,塔形标身或矩形标牌取0.5,方形、梯形和圆形标牌取0.4。

B.0.7.2 标身应以顶部为计算部位。标身顶部和标牌宽度应取与导标轴垂直的标身纵剖面顶部、标牌的内切圆直径。

B.0.7.3 前后标标身、标牌的设计宽度应分别计算,并与观察距离相适应,宜取在作用段起导点观察时的显形宽度为设计宽度,并应保持在作用段的重要部位处观察时达到显形宽度,在搜寻区起导点处观察时达到初显宽度。

B.0.8 对导标设计的结果,应根据设计计算过程中遇到的问题以及工程规模的大小和重要性,设置临时标对使用段各部位处的视觉偏离量和前后标标顶垂直张角进行全面或部分的水上测试验证。导标使用段某观察点的侧面灵敏度,可按式(B.0.8)计算,并按表B.0.8评估,不满足要求时应进行调整试算,直至达到要求。

$$K=\frac{Wd}{D(H-h)} \tag{B.0.8}$$

式中 K——导标灵敏度系数;

W——航道宽度(m);

d——导标间距(m);

D——自前标至使用段某观察点的距离(m);

H——后标标顶高程(m);

h——前标标顶高程(m)。

表B.0.8 导标侧面灵敏度评估表

系数 K	<1	1~1.5	1.5~2.5	2.5~3.5	3.5~4.5
评估结论	不可用	尚可用	良好	很好	过于灵敏,操船困难

附录 C 本规范用词说明

为便于在执行本规范条文时区别对待，对要求严格程度的用词说明如下：

(1)表示很严格，非这样做不可的，正面词采用“必须”，反面词采用“严禁”；

(2)表示严格，在正常情况下均应这样做的，正面词采用“应”，反面词采用“不应”或“不得”；

(3)表示允许稍有选择，在条件许可时首先应这样做的，正面词采用“宜”，反面词采用“不宜”；

(4)表示允许选择，在一定条件下可以这样做的采用“可”。

引用标准名录

1.《中国海区水上助航标志》(GB 4696)
2.《内河助航标志》(GB 5863)
3.《中国海区灯船和大型浮标制式的规定》(GB 15359)
4.《中国海区水中建(构)筑物标志的规定》(GB 17380)
5.《中国海区可航行水域桥梁助航标志》(GB 24418)
6.《建筑物防雷设计规范》(GB 50057)
7.《高耸结构设计规范》(GB 50135)
8.《内河通航标准》(GB 50139)
9.《海区浮动助航标志配布导则》(GB/T 26781)
10.《河港工程总体设计规范》(JTJ 212)
11.《内河航道维护技术规范》(JTJ 287)
12.《码头附属设施技术规范》(JTJ 297)
13.《防波堤设计与施工规范》(JTS 154—1)
14.《船闸总体设计规范》(JTJ 305)
15.《船闸水工建筑物设计规范》(JTJ 307)
16.《通航海轮桥梁通航标准》(JTJ 311)
17.《水运工程测量规范》(JTS 131)
18.《运河通航标准》(JTS 180—2)
19.《浮标锚链》(JT/T 100)
20.《灯塔主体及附属设施设置要求》(JT/T 321)
21.《浮标通用技术条件》(JT/T 760)
22.《航标灯通用技术条件》(JT/T 761)
23.《港口与航道工程水文规范》(JTS 145)
24.《海港总体设计规范》(JTS 165)
25.《内河助航标志的主要外形尺寸》(GB 5864)

附加说明

本规范主编单位、参编单位、主要起草人、主要审查人、总校人员和管理组人员名单

主 编 单 位：长江航道规划设计研究院
　　　　　　中交天津港航勘察设计研究院有限公司
参 编 单 位：中交上海航道勘察设计研究院有限公司
　　　　　　中交水运规划设计院有限公司
　　　　　　江苏省交通规划设计院股份有限公司
　　　　　　湖南省交通规划勘察设计院
　　　　　　长江航道局
　　　　　　中交第一航务工程勘察设计院有限公司
　　　　　　四川省交通运输厅交通勘察设计研究院
　　　　　　黑龙江省航务勘察设计院
　　　　　　长江重庆航运工程勘察设计院
　　　　　　河北省水运工程规划设计院
主要起草人：刘怀汉（长江航道规划设计研究院）
　　　　　　黄召彪（长江航道规划设计研究院）
　　　　　　刘　璟（中交天津港航勘察设计研究院有限公司）
　　　　　　徐　元（中交上海航道勘察设计研究院有限公司）
　　　　　　周　海（中交上海航道勘察设计研究院有限公司）
　　　　　　（以下按姓氏笔画为序）
　　　　　　王春平（长江航道规划设计研究院）
　　　　　　刘学著（湖南省交通规划勘察设计院）
　　　　　　刘红宇（中交第一航务工程勘察设计院有限公司）
　　　　　　阳建云（中交上海航道勘察设计研究院有限公司）
　　　　　　李进军（中交天津港航勘察设计研究院有限公司）
　　　　　　李　昕（长江航道规划设计研究院）
　　　　　　谷祖鹏（长江航道规划设计研究院）

陈晚华(四川省交通运输厅交通勘察设计研究院)
陆　飞(江苏省交通规划设计院股份有限公司)
吴　澎(中交水运规划设计院有限公司)
余　帆(长江航道规划设计研究院)
张　华(中交上海航道勘察设计研究院有限公司)
罗　宏(长江重庆航运工程勘察设计院)
周冠伦(长江航道局)
周云亮(中交天津港航勘察设计研究院有限公司)
姜俊杰(中交水运规划设计院有限公司)
袁达全(长江航道规划设计研究院)
黄　磊(河北省水运工程规划设计院)
雷国平(长江航道规划设计研究院)
鞠文昌(黑龙江省航务勘察设计院)

主要审查人:赵冲久
(以下按姓氏笔画为序)
仉伯强、王仙美、冯兆铭、李悟洲、刘信华、季则舟、吴华林、张幸农、俞武华

总 校 人 员:李永恒、李德春、章　渝、吴敦龙、王良琼、冯兆铭、董　方、刘怀汉、刘　璟、黄召彪、雷国平、李　昕、谷祖鹏、尹书冉

管理组人员:黄召彪(长江航道规划设计研究院)
雷国平(长江航道规划设计研究院)
谷祖鹏(长江航道规划设计研究院)
刘奇峰(长江航道规划设计研究院)
刘　璟(中交天津港航勘察设计研究院有限公司)

中华人民共和国行业标准

航道工程设计规范

JTS 181—2016

条 文 说 明

目　次

1 总 则

1.0.3 规划主要包括流域综合规划、全国内河航道及港口布局规划以及河流的航道发展规划等。

1.0.4 航道工程除了整治、运河、航标等工程以外，还包括渠化、疏浚与吹填、炸礁等工程，其中通航枢纽设计按照《渠化工程枢纽总体设计规范》(JTS 182—1)执行，疏浚与吹填工程设计按照《疏浚与吹填工程设计规范》(JTS 181—5)执行，炸礁工程设计按照《水运工程爆破技术规范》(JTS 204)执行。

3 基本规定

3.1 一般要求

3.1.2 依据现行行业标准《运河通航标准》(JTS 180—2—2011),运河的设计水平年应根据运河的不同条件采用工程建成后的20~30年,故航道设计水平年上限调整为30年。

3.1.11 当整治河段的河床地形、水流条件发生异常变化时,根据实际情况对原设计进行调整。

4 天然径流航道

4.1 一般规定

4.1.2 长河段通常是指由多个单滩或滩群组成的河段。属于下列情况之一为重要河段：

(1)整治后为Ⅳ级或跨省Ⅴ级及以上航道；

(2)运量大的航道；

(3)其他重要河段。

4.2 航道建设规模及标准

4.2.4 航道的线数需分析其通过能力,目前国内尚无公认的公式。虽然船舶试验更为客观且与真实情况比较接近,但实船及船模试验的实行都需要前期的大量理论测算为基础。

作为分析通过能力的参考,目前国内外的一些研究成果如下。

(1)理论计算方法

①经验方法

A. 德国公式

$$W_w = P \times M \times N \times t \times a_1 \times a_2 \times a_3 \times a_4$$

其中,W_w是航道通过能力,以10^4t为单位;P是标准船队载重吨;M表示单位时间内通过的船队数量;N表示上下行载量系数之和;t为全年可通航时间(h);a_1为船舶密度增大使运行阻力增加而产生的折减系数,一般上游河段去0.7,中下游河段取0.9;a_2为港口工作不平衡而产生的折减系数;a_3为船舶变吃水而产生的折减系数,可同a_2都取0.6;a_4为船舶交汇、避让使船舶减速而产生的影响系数,一般可取0.8。

B. 长江公式

$$W_w = C \times 31.536 \times 10^6 \times W \times F_1 \times F_2 \times F_3 \times F_4 \div T$$

式中:C表示上下行货运不平衡系数;W为标准船队载重吨;F_1为年通航系数;F_2为实际运行船队吨级不同意对通过能力的影响系数;F_3为港口、航道、运行调度的运输不平衡影响系数,一般可取0.6;F_4为非货运船队占用航道的影响系数,有时可取0.5;T为一个标准船队安全通过控制河段的时间(h/队)。

长江公式在一定程度上借鉴了德国公式,并根据天然河流的实际情况作了某些改进。

C. 航道通过能力综合公式

$$W_B = \left(24 \times 3600 F_4 \frac{t_1}{T_0}\right)\frac{tF_1}{24 \times 3600 t_1} W M_0 T C F_2 F_3$$

其中,M和C的含义根据船舶的具体情况计算。

D. 基于船舶交通流的航道通过能力公式

$$Q = MCF_1F_3t$$

其中,Q 是标准船舶的航道通过能力;M 是单位时间内通过航道的标准船的数量。

E. 利用乘潮水位航道的通过能力公式

此公式为天津水运工程科学研究所提出的:

$$P = \sum_{i=1}^{n} P_i N_i m_i a k_1 k_2 k_3 k_4 k_5 k_6$$

其中,P 是通过能力;P_i 是船舶载重吨位数;N_i 是船舶数;m_i 是一年的有效潮汐个数;a 是航道系数,单航道时 $a = 1$,双航道时 $a = 2$;k_1 是船形阻力系数;k_2 是港口影响系数;k_3 是不满载系数;k_4 是船舶交会系数;k_5 是客运船影响系数;k_6 是非标准船影响系数;n 是船型数。

F. 川江航道通过能力的计算方法

在 20 世纪 80 年代中期,为适应三峡工程论证的需要,有重庆长江轮船公司和长江航道局所属单位等组成课题组提出了川江航道通过能力的计算公式:

$$Q = \frac{N\sum_{i=1}^{4}(n_i \alpha_i W_i)}{\beta}$$

其中:Q——航道通过能力,以 t/年或万 t/年计算;

N——全年通航天数;

n_i——不同船舶或船队的日均可发船密度;

α_i——不同船舶或船队的装载系数;

W_i——不同船舶或船队的可能载货的总吨位;

β——因货源、港口或其他延误所形成的运输上的不均衡系数;

i——1、2、3 分别代表大、中、小船队,4 代表客货船。

在应用此公式是必须注意,由于川江航道存在某些卡口河段,每天能通过多少船舶或船队是有限制的。

G. 苏南运河公式

江苏省交通规划设计院股份有限公司和交通部原水运规划设计院在苏南运河整治工程可行性研究阶段结合苏南运河的具体情况,提出了下列公式:

$$W = W_t \beta V t \alpha_1 \alpha_2 \alpha_3 \alpha_4 \alpha_5 \alpha_6$$

其中,α_i 表示各系数。

除了以上的各经验公式外,还有王宏达公式、中交水运规划设计院闵朝斌提出的一整套计算方法等。从以上的公式可以看出,这些公式都存在大量的经验公式,而系数的取指因人而异,导致了航道通过能力计算的不规范,使计算值与实际值产生很大的偏差,且不能直观的反应航道的使用率,还没有把港口通过能力和潮汐条件等随机因素动态系统地考虑进去。

②最大偏差法

在航道方面的有关研究中,一些进港航道的设计方案采用直接计算的方法,例如法国的勒阿费尔附近 Antifer 为了让超级油轮进入新港口,应用这种方法来选择进港航道的宽度和助航设施。他们采用了英国 EASAMS 有限公司研制的“最大偏差(Maximum Variation)”法。本方法估算因航行人员不能确定其所处的位置而引起船舶离开其指定航迹的最大偏差,通过书面分析,估算出船舶重新被发现并返回航道周线时的最终越轨运动。

③船舶操纵数学模型

船舶操纵数学模型主要指根据作用在船舶上的水动力建立船舶运动的微分方程来描述船舶的操纵运动,其研究始于 20 世纪 60 年代。目前主要有两类模型,一类是以 Abkowitz 为代表的整体性模型,一类是以日本操纵性数学模型小组为代表的 MMG 分离型数学模型。前者将船体、螺旋桨、舵作为一个整体来进行研究,需要大量的船模试验确定水动力参数,而且某一确定船型的试验结果难以应用到其他船型中去。而 MMG 模型中各项有明确的物理意义,可以比较简单的表达出作用在船体上的流体动力和螺旋桨、舵的作用以及船、桨、舵之间的相互干扰。经过多年来的研究,MMG 模型在计算船体上的流体动力和螺旋桨、舵的作用方面已经提出了不少经验公式,在我国也得到了广泛应用。

(2)船舶试验方法

①物理模型试验

物理模型试验,即船模、水工模型相结合的技术手段,其优点在于它可以直接观测船模在复杂地形和水力条件(如横流、不规则岸坡等)下的运动。但物理模型试验也存在一些不便于广泛应用的地方,比如耗工、耗时、费用大、因子变更不易,需要耗费较大的人力、物力,研究不同方案时耗长,存在比尺效应等问题。

②实船试验

试验结果客观真实,但实验条件要求高,风险大,成本高。

这一领域比较典型的研究有“兰叙段航道千吨级船队通航实船试验方法及成果分析”,该项目研究对象是由四川 802 拖轮帮拖川甲 1004 号千驳组成的船队,途经兰叙段航道整治滩险 30 处,包括船舶过滩试验、航标通讯适航试验及试验船队拖轮主机转速和舵效测试等几方面试验内容。

(3)计算机模拟

①船舶操纵模拟器

航海操纵模拟器应用于航道通航安全方面的研究,通过计算机仿真,模拟航道中航行的船舶操纵性能、航道条件及交通流特性,可以直接观测船模在复杂地形和水力条件(如横流、不规则岸坡等)下的运动或描述出各种水动力因素和船体基本的水动力特性,同时还考虑了驾驶人员的视觉映像、仪器操纵、响应速率等引起的心理学效应,经济实用,所以这种方法正日益广泛地被应用于各种航道通过能力及通航安全的论证当中。

②离线模型

离线模拟(off line simulation),即用自动舵来代替人工操纵,根据一定的规则使程序自动根据外界环境的变化改变舵角或船速,来模拟实际船舶操纵过程。离线模拟没有人机对话过程,不能模拟操舵人员对外界影响做出反应的过程。但如果自动舵模型建立合理,离线模拟也能给出较为客观的结果,尤其对不熟悉船舶操纵者而言。这方面典型的软件有荷兰 Deflt 大学的 SHIPM 软件。

③船舶交通系统计算机模拟

船舶交通系统计算机模拟实质上是一种宏观模拟,它的研究对象是交通流,包括水上交通网络模拟、水上交通流模拟和港内交通流模拟三大部分。

在规划设计一个船舶交通系统或筹建船舶交通管理系统(VTS)之前需要进行研究、开发、测试与评价(Research, Development, Test&Evaluation, RDTE),例如:通常对这种大系统中的船舶交通管理方案评价与论设计一个船舶交通系统或对某个系统运行的安全与效益进行深入的研究,仅仅用某种数学工具定量求解的难度较大,而应用计算机模拟技术可以评价、研究系统的变化过程,结合定量与定性进行分析,往往能取得较为理想的效果。

4.5 航道尺度

4.5.2 船舶设计吃水是船舶在设计载量时的静吃水,不一定是船舶的最大吃水,为充分发挥驳船的最大经济效益,有时采用变吃水概念进行设计。航道富裕水深主要由船舶航行下沉量、波浪和船底安全富裕量等组成。船舶航行下沉量与航速和流速有关,船底安全富裕量与船舶吃水及河床质有关。限制性航道是指由于航道狭窄、断面系数小等原因,对船舶航行有明显的限制作用的航道,包括运河、通航渠道、狭窄的设闸航道、水网地区航道,以及具有前述特征的滩险航道。

4.5.4 船舶或船队做直线航行时,在风和水流等外力作用下,两侧产生不均衡阻力,需依靠船舵来保持航向,此时船舶或船队纵轴线与航向间形成漂角,漂角大小主要受水流、流速、船舶操控性能和驾驶技术的影响,在弯道中航行漂角与弯曲半径和船队长度关系更密切。

4.5.4.5 目前,国内航道宽度增加值普遍采用该经验公式。国外航道宽度增加值也有类似的经验公式。但实践经验表明,国内外的这些经验公式适用于有良好航行条件的渠化河段,如人工运河或渠化河流,这些河段船舶操纵性能良好;对于天然河流有较大流速和船舶操纵性能一般的情况下,往往这些经验公式的计算值偏小。

近年来,对于弯曲段航道宽度增加值开展了一些相关研究,取得了一定的研究成果。其中,通过弯道船模试验,提出了弯曲段航道宽度增加值的计算公式。该计算公式为:

$$\Delta B = 9.81P - 35.1$$

其中,ΔB 为航道宽度增加值;P 为偏航距,可按下式计算:

$$P = (A_1 V_x + A_2)\frac{S}{V_c \cos\phi + V_s}$$

式中:A_1、A_2——与船型有关的系数,可按表 4.2.5 取值;

V_x——横向流速,其计算公式为 $V_x = V_c \sin\phi$;

S——船队航行距离为一个船长 L 时的漂移量;

V_c——水流流速;

V_s——船队航速;

ϕ——流向与弯道中心线法线夹角。

表 4.5 不同船舶(队)的 A_1、A_2 值表

船 型	船(队)长(m)	船(队)宽(m)	A_1	A_2
十二驳船队	346.87	32.25	0.2984	0.0437
六驳船队	196.67	31.84	0.3537	0.049
800t 三驳船队	147	22.3	0.4171	0.0547
140TEU 集装箱船	87.6	13.6	0.4895	0.0614
500t 两驳船队	115.8	10.8	0.4546	0.0777
300t 两驳船队	91.9	7.6	0.4993	0.0824

4.6 整治原则、整治水位、整治线

4.6.3 在平原河流一般指与整治建筑物头部高程齐平的水位,当水位降到整治水位时,建筑物即起束水导流作用,使浅滩冲刷加深。山区河流急流滩险整治水位一般取成滩水位,对中洪水急流滩,取成滩最汹水位,对枯水急流滩,取滩的设计水位。

4.6.4~4.6.7 根据近 30 年对整治水位和整治线宽度的研究成果和实践经验,以及相关模拟试验成果,综合确定。

4.10 急滩和险滩整治

4.10.1 急滩是河床过水断面狭小,流速和比降较大,以急为主的碍航滩段;险滩是河道弯曲狭窄和流态紊乱,以险为主的碍航滩段。

4.10.2 急滩和险滩成滩期的上限水位、下限水位和最汹水位是急滩和险滩成滩期的特征水位,与流速、比降和流态变化的趋势及规律有关。急滩和险滩成滩期的上限水位和下限水位是指形成急滩和险滩碍航的上下临界水位,急滩和险滩最汹水位是指急滩和险滩水流最汹险时的水位。

4.10.4 有的急滩受地形限制,或碍航水位历时较短,或碍航期不在运输繁忙时段,整治至满足船舶自航上滩的标准,需较大的开挖工程量,经济上不合理;有的急滩受上下游卡口河段的限制,整治的上限通航流量宜与卡口河段处上限通航流量相一致。助航措施采用绞滩、助推、减载转载等。

4.10.5 船舶自航上滩允许的比降和流速,首选实船试验或船模试验法确定,无条件时通过计算分析确定。在计算分析中,因各河流通航船舶类型不同,船型参数相差较大,目前尚无通用的计算公式。急滩整治设计时,根据各河流和各设计船型已有的相关资料对有关公式进行验算后选用,如计算船舶有效推动采用的单位推力估算法、综合计算法等方法,计算航行时的水流阻力采用阿普赫金法、巴普米尔曲线法、兹万科夫法等方法。

4.10.10 基岩急滩是指滩段河床由较坚硬的基岩构成,不易被水流冲蚀,同时河床过水断面窄小的急滩。河道的一岸或两岸有伸入江中的基岩或乱石突嘴,造成过水断面减小形成的急滩为突嘴型急滩,分为对口型突嘴急滩和错口型突嘴急滩。窄槽型急滩是指基岩或由于其他地质原因造成河槽狭窄和过水断面减小,在一定水位期形成滩段较长的急滩。潜埂型枯水急滩是指由于崩石或其他原因在河底造成潜埂,潜埂顶部下游产生跌水,

并多为枯水期成滩的急滩。

4.10.11 崩岩急滩和滑坡急滩是指岸边发生较大的崩岩或滑坡,大量破碎岩体侵入江中,造成河床过水断面减小的急滩。

4.10.12 溪口急滩是指河道一岸或两岸有溪沟汇入,山洪暴发时冲出大量石块堆积溪口,造成河床过水断面减小的急滩。

4.10.17 礁石险滩是指航道中明暗礁石密布,造成航槽弯曲狭窄、水流流态紊乱或局部水深不够,使过往船舶易于触碰礁石,航行安全受到威胁的险滩。

4.10.18 急弯险滩是指河道过于弯曲,航道弯曲半径满足不了设计船队安全通行要求的险滩。

4.10.19 泡漩险滩是指特殊地形条件形成泡水、漩水或两种水并存的滩险。

4.10.20 滑梁水险滩主要是指江中航槽边缘的纵向石梁和基岩台地束窄河槽,当水流溢过梁顶形成一种近似于侧向宽顶堰流流态的险滩。

4.11 工程布置

4.11.1 确定丁坝间距,涉及因素较多,尚难用理论计算。国内目前采取按上一座丁坝的有效投影长度的某一倍率,结合具体情况确定。条文中表4.11.1所列丁坝间距选用范围是从实践经验中加以综合而得。

4.11.6 整体守护指对单个滩体采用全覆盖守护,一般适用于较小心滩。整片守护指对滩体的部分区域采用完整覆盖守护。条状间断守护指对守护范围内滩体采用条状护滩建筑物间断布置,类似丁坝的平面布置。连续守护指对受冲刷滩体沿水流平行方向布置护滩建筑物,一般用于滩体边缘、滩脊等部位守护。

5 沿海及潮汐河口航道

5.1 一般规定

5.1.4 淤泥质航道是指床面泥沙颗粒中值粒径小于0.03mm，淤泥颗粒之间有粘结力并在海水中呈絮凝状态的海岸港航道和河口港航道。

5.2 航道建设规模及标准

5.2.1 航道建设规模指为满足运输要求而确定的航道通航代表船型、航道吨级、通航线数、通航保证率和设计通过能力等。

5.2.2 航道设计船型是指控制航道尺寸的船型，如果航道是通行多货种船型的综合性航道，设计船型可能不是一种船型，这时需要根据控制船宽、满载吃水及船舶高度的要求，按进出港的不同要求进行分析论证。

5.2.3 船舶在航行中一般都具有较强的抗风浪能力，但当码头已不能作业的情况下，允许船舶进入港内是没有意义的。另外，如果提高航道的通航作业标准，可能造成工程量较大增加，而增加的可作业天数又不是很多时，就需要在航道建设的经济性和航道的通航保证率之间找到合适的平衡点。

5.2.4 船舶在航道内的航速对船舶的控制性能、航迹带宽度、要求的航道水深和航道通过能力等均有影响。进港船舶在靠近码头时要减速制动，航速不可能过快，航速过快则要求较长的制动距离。出港船舶允许较快的航速有利于提高航道通过能力，但要注意分析设计航速增加引起水深和工程量的增加。

5.2.5 航道通过能力目前还没有统一的定义，通常以平均一年内通过航道的货物重量来表示。交通流情况包括船舶组成、船舶载货量、船舶到达规律、船舶平均航速等。

5.2.7 复式航道一般分为以下三种形式：

(1)主航道(大船航道或重载航道)与次航道(小船航道或轻载航道)分开设置。

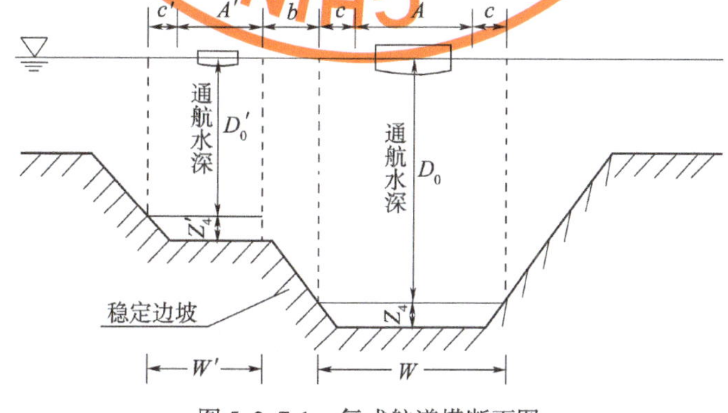

图5.2.7-1 复式航道横断面图

(2)大船航道单向通航,同时满足小船航道双向通航。

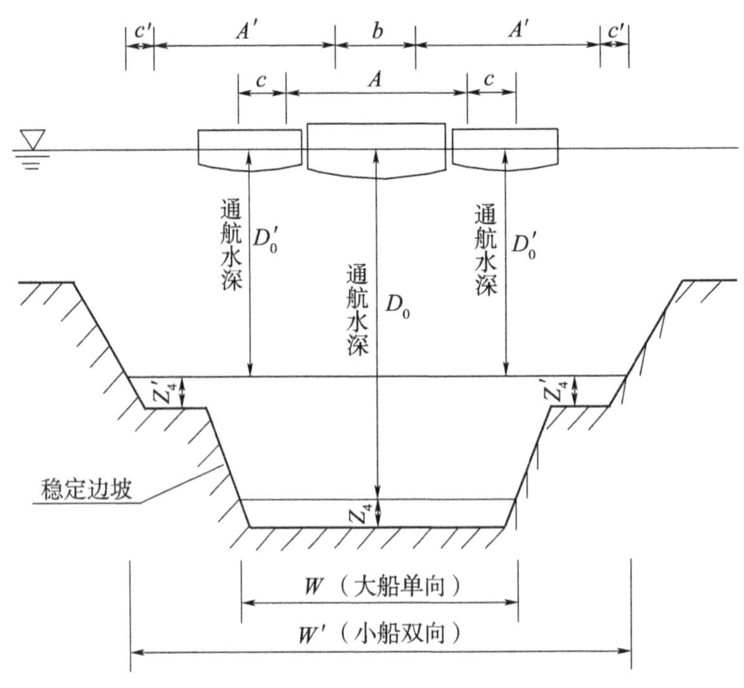

图 5.2.7-2　复式航道横断面图

(3)中间大船航道双向通航,两侧小船航道各单向通航。

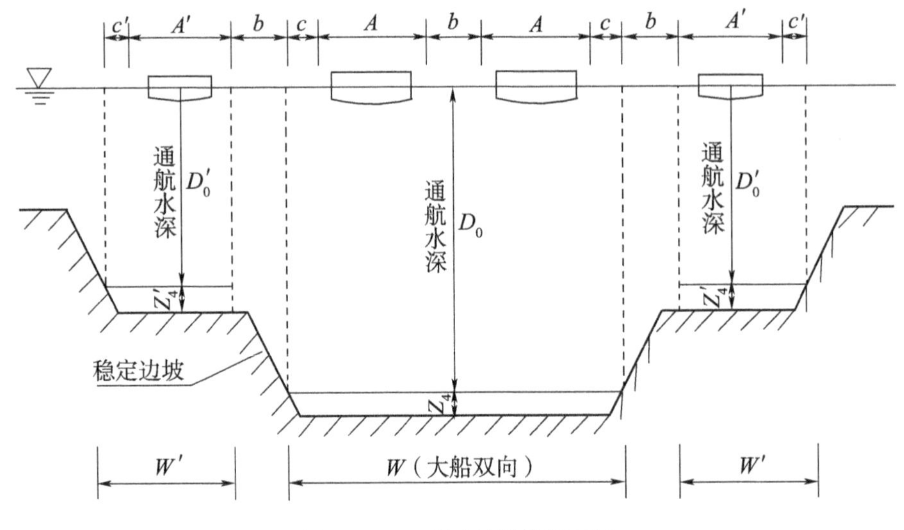

图 5.2.7-3　复式航道横断面图

5.4　设计通航水位及乘潮水位

5.4.2　乘潮水位是指船舶乘潮进出航道的某一潮位,并以该潮位作为航道和不包括码头前沿水域、锚地的港内水域的设计通航水位。

5.4.2.1　时间富裕系数是依据我国几个港口的设计采用值而定的。

5.4.2.2　新建和正在设计中的一些港口航道乘潮水位均选在乘潮累积频率 90% 以上的位置。从我国沿海港口乘潮水位全年冬三月(12 月、1 月、2 月)差值分析可看出:北方海区冬季潮位较低、加之减水影响,乘潮水位冬三月较全年约低 0.3m;而南方海区差值不显著,均在 0.1m 以内。

5.4.3 选择避开对船舶航行最不利的流速时段作为通航时段,要注意分析通航保证率是否满足通航要求。

5.5 航道尺度

5.5.3 国外对进出航道的有效宽度习惯以设计船舶的船宽倍数或船长倍数来度量,对液化天然气船舶进出港航道,其有效宽度一般为设计船宽的 4 ~5 倍或设计船长的 1.0 倍。近几年的应用来看,按原条文航道有效宽度可取 1.0 倍设计船长计算得出航道有效宽度较大,给部分液化天然气码头选址造成困难。近年来,多个液化天然气码头航道的通航安全评估和船舶操纵仿真模拟专项研究成果表明,一倍船长的航道底宽有缩小的余地,因此,本条文适当减小航道有效宽度。

5.5.5.1 航道通航水深 D_0 为设计通航水位至航道通航底面的垂直距离,按公式 5.5.5-1 和式 5.5.5-2 进行计算。公式中的各项因子作如下说明:

(1)设计船型满载吃水 T 是通航深度计算的船型基本尺度,经论证或参考规范选用。其中对杂货船和集装箱船,根据具体情况考虑实载率对设计船型吃水的影响,交通运输部《海港集装箱码头设计船型标准》(JTS 165—2—2009)对集装箱船舶的运营吃水做了规定。

(2)船舶航行下沉量 Z_0

船舶在航道中航行时,把部分水体推向船后,使船体两侧及船底和航道底间的水体流速增加,水压减小,产生船体下沉。影响船体下沉量的因素有航道断面形状、航道宽度和水深、船舶航速、初始纵倾、相对于航道中心线的位置、错船影响以及船体本身的特点等。

确定 Z_0 的方法众多,为计算方便,结合我国各港航道的特点,对国内外比较适合的各种方法进行综合统计,绘制出不同船舶吨级、不同航速船体下沉量 Z_0 关系曲线图(图 5.5.5),该图适合于非限制性航道,对限制性航道还没有公认的定量划分标准,而目前我国各港航道明显均属于非限制性航道类型。如果航道边坡较高,特别是边坡露出水面的运河航道,不能采用图 5.5.5 的曲线确定船舶航行下沉量。

(3)龙骨下最小富裕深度 Z_1

主要与航道底质情况、船舶吨级大小、水深测量和观测潮位误差、海底障碍物、错船和岸坡影响、船泵与冷凝器进水口的要求、人为因素及不可预见的其他误差等有关。有些挂架只将这部分富裕量笼统的定位 0.3m 或 0.6m,还有些国家的专著资料,仅按随着船舶吨级的逐渐增加,船长和船宽尺度加大,对航道底质强度要求和触撞海底的限制越来越严格。

(4)波浪富裕深度 Z_2

船舶在波浪中航行时,随着波高、周期、波向、水深、船舶吨级和航速的不同,将产生纵倾、横摇和垂荡三种垂直运动。所以通常船舶在航道中受波浪影响的超深,主要考虑这三个自由度运动叠加而产生的艄下沉量,以便根据船舶最大垂直运动尺寸进行航道水深设计,达到安全通航的目的。

航行中的船舶受波浪作用产生的垂直运动量所受的影响因素较多,主要包括水文气象条件、船舶类型与尺度、航向与航速龙骨下富裕水深、航道断面形式以及驾驶员的操作水平等。船舶最大响应出现在波长等于或接近船长时。为便于航道设计实际应用,通常仅用经验统计法确定不同浪向船舶运动超深与波高的变化关系。

通过与国外相关资料进行对比分析,发现波浪周期的影响非常明显,当波浪周期不小于8s时,原规定明显偏小。本规范将原规定适应的波浪周期改为不大于8s;给出了新的平均周期10s时的取值,波浪平均周期在8s和10s之间的情况进行插值;对于波浪平均周期大于10s的情况,进行专门的研究论证后确定。

根据本规范第5.2.3条的规定,航道的可通航波高与港口的作业标准相协调。因此,对有掩护的港口,航道可通航波高的选取根据港内船舶安全作业标准推算出航道内的相应波高。对开敞式港口,航道可通航波高采用码头泊稳标准中船舶作业允许或船舶离泊的最大波高值,但要考虑引航船、拖船的作业要求,一般采用2.0m。

(5)船舶装载纵倾富裕深度 Z_3

船舶装载纵倾富裕深度 Z_3 是根据不同船型特点、装载货物情况和航行要求,在港口装货配载时,由于艏艉纵倾而增加的吃水超深值。通过对我国各港实船资料统计分析,以及国内外各种标准船型的规定表明,杂货船、多用途船和集装箱船虽然艉倾吃水大,但实载率较低,均小于满载吃水,所以以这些设计船型为准进行航道的初始艉倾值,航行中通常出现艏倾现象,从而抵消了装载艉倾值。本规范是出于安全考虑提出的建议值。

(6)备淤深度 Z_4

按合理的挖泥间隔期内产生的淤积量确定,但 Z_4 过小对一次疏浚来说是不经济的。

5.5.5.2 本款规定主要是根据黄骅港的经验总结得出的,黄骅港是按照5~10年重现期标准确定的。

5.5.5.3 当船舶由海域进入河口水域后,由于水体含盐度变小,船舶吃水相应增加。缺乏资料时采用下表中的数值。

表5.5.5 水密度对船舶吃水的影响

含盐度(‰)	密度($\times 10^3 kg/m^3$)	增加吃水(%)	含盐度(‰)	密度($\times 10^3 kg/m^3$)	增加吃水(%)
35	1.025	0.0	15	1.010	1.5
30	1.021	0.5	10	1.005	2.0
25	1.017	1.1	0	1.000	2.5
20	1.013	1.2			

5.5.7.4 航道转向角大于60°的工程不太多,实践证明转向角大时,操纵较为困难,加大转弯半径是必要的。通过相关研究总结得到安全的航道转弯半径与船速、船长和转向角之间有以下关系:

$$R=\frac{0.5V_sL}{1-\sin\dfrac{\phi}{2}}$$

式中 R——转弯半径(m)；

V_s——船速(knots)；

L——设计船长(m)；

ϕ——转向角(°)。

5.5.8 航道边坡坡度取决于岩土特性，物理力学指标，波浪、潮流流速流向和船行波等诸多因素。通过试验或按类似岩土特性和水文条件确定边坡坡度更为合理。航道边坡坡度取值范围是根据天津港、连云港、广州港、汕头港、黄骅港、秦皇岛港、京唐港和东营港等港口航道实例的1453个岩土有关指标及1812个相应边坡坡度的统计分析结果，同时，还参考了国内外航道边坡设计标准，具有较广的代表性，而且涵盖了影响航道边坡坡度的有关因素。有关港口航道实际开挖边坡坡度与实测天然含水率、天然重度统计成果见下表。

表5.5.8 有关港口航道实际开挖边坡坡度与实测天然含水率、天然重度统计成果表

岩土名	开挖深度(m)	天然含水率 ω(%)				天然重度 γ(kN/m^3)				航道边坡坡度			
		广州港	汕头港	连云港	天津港	广州港	汕头港	连云港	天津港	广州港	汕头港	连云港	天津港
淤泥、淤泥质土	4~6	53.8	50.0	62.8	52.5	16.73	17.03	16.10	16.83	1:11.9	1:8.6	1:4.3	1:6.5
	6~8	52.9	50.0	57.2	51.4	16.80	17.03	16.48	16.91	1:8.6	1:4.8	1:3.5	1:4.2
	8~10			52.5	50.7			16.83	16.97	1:3.7	1:3.3	1:2.6	1:3.5
	10~12			50.7	48.9			16.97	17.12				1:3.2
岩土名	开挖深度(m)	黄骅港				黄骅港				黄骅港			
粘土粉土	4~6	53.5				16.75				1:4.2			
	6~8	51.1				16.94				1:3.9			
	8~10	50.1				17.02				1:2.9			
	10~12	49.9				17.04				1:3.4			
岩土名	开挖深度(m)	秦皇岛	京唐港	东营港		秦皇岛	京唐港	东营港		秦皇岛	京唐港	东营港	
砂质粉土	4~6	32.1	34.5	30.8		18.91	18.48	19.09		1:4.1	1:4.2	1:3.4	
	6~8	31.5	36.1	29.3		18.99	18.41	19.30		1:4.8	1:4.1	1:3.7	
	8~10		34.4	28.7			18.49	19.39		1:3.7			
	10~12		34.8	28.6			18.57	19.40		1:2.4			

5.5.9 一般内河测图所载深度基准面为航行基准面，而河口与外海测图所载深度基准面为理论最低潮面。

5.5.10 跨航道的桥梁、电缆和穿越航道的海堤管线等工程的净高、净宽等尺度参照现行行业规范《通航海轮桥梁通航标准》(JTJ 311—97)和住房城乡建设部和国家质量监督检验检疫总局关于《导线对被跨物最小垂直距离》中的规定执行。

(1)当航道两侧有桥墩且航道轴线与桥墩连线存在夹角时，桥墩连线投影至航道垂线方向的宽度，即为航道实际可利用的宽度。

(2)当航道上空有架空线时，需要区分电缆最低点在航道通道宽度范围内和航道通航宽度外两种情况。第一种情况,计算航道设计通航水位至电缆最低点的净高。第二种情况,利用电缆的悬链线结构形式,考虑航道通航宽度范围的净高值。

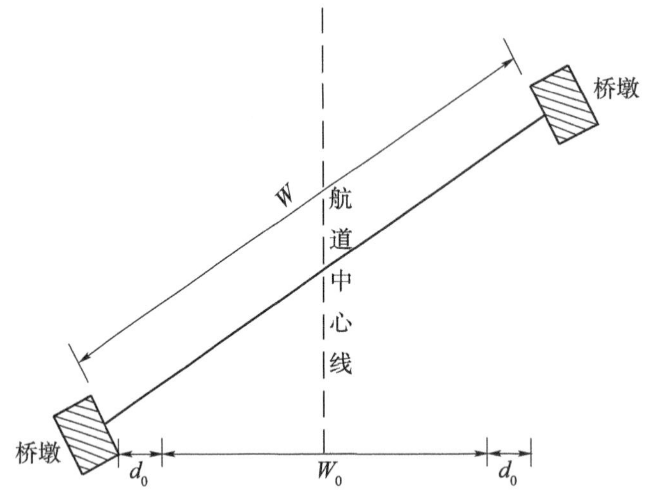

图 5.5.10-1 桥区航道可用宽度示意图

d_0-安全距离;W-桥墩净间度;W_0-航道可用宽度

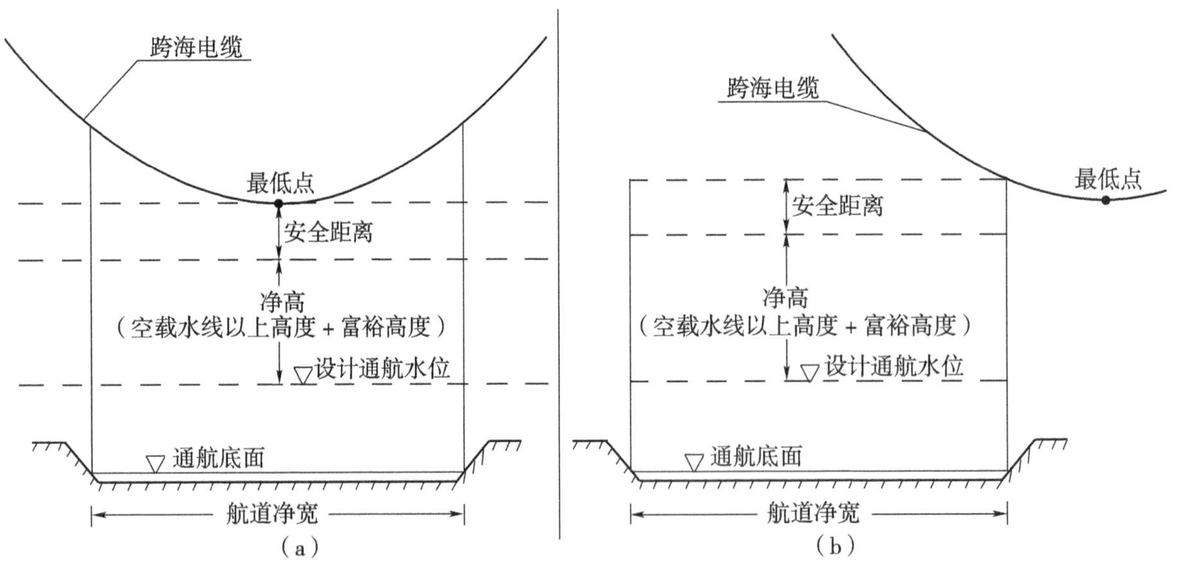

图 5.5.10-2 航道上空有架空线净空尺度确定

(a)最低点在航道边线内;(b)最低点在航道边线外

5.6 潮汐河口航道整治

5.6.16 整治低矮且常有变动浅滩,一般布置固滩鱼嘴,稳定和加高心滩,防止窜沟发展,限制汊道间的水沙交换,有利于通航汊道的稳定和发展;当选定通航汊道的落潮流分流比不满足要求时,一般在非通航汊道内建锁坝、在进口处建接岸的挑流丁坝或建连接洲头的导流顺坝等,使落潮流集中于通航汊道。当通航汊道两侧存在较小支汊和窜沟时,一般进行封堵。

6 枢纽上下游航道

6.1 一般规定

6.1.1 变动回水区航道是指水库回水末端上下游移动区段的航道；常年回水区航道是指枢纽壅高上游水位所形成人工湖内的航道；通航建筑物上下游引航道口门外的连接段航道是指枢纽上下游引航道口门外连接主航道的连接段航道和通往锚地的航道；受枢纽调度运行影响明显的下游航道是指枢纽建设后，由于受枢纽调度运行引起的水沙条件的改变而受影响明显的枢纽下游航道。

6.4 设计通航水位

6.4.3 本条在《内河通航标准》(GB 50139—2004)第6.4.5条基础上补充了对受特大型枢纽影响显著的下游河段通航水位的确定方法。特大型枢纽由于对下游航道来水、来沙条件可能产生重大的影响。

6.4.4 由于枢纽上下游河段通航水位受到的影响因素很多，往往预测结果与实际有差别，故作本条规定。

6.5 整治水位和整治线

6.5.1.1 变动回水区上段汛期泥沙淤积厚度较大，淤积物粒径较粗，需适当提高整治水位，以促使提前冲刷、延长冲刷时间和加大冲刷流速。

6.5.1.2 变动回水区中、下段泥沙淤积累积性增长，河床逐年抬高，比降逐渐调平，为使消落冲刷时机适当提前，增强冲刷能力，在采用整治建筑物整治时，其整治水位与设计最低通航水位的差值自上而下地逐步加大。

6.5.2.1 当被整治对象为存在多个浅区的浅滩群，为防止上冲下淤的局面出现，整治线宽度沿程逐渐束窄，以利输沙。

6.7 常年回水区航道

6.7.1~6.7.4 常年回水区航道措施宜以炸礁和疏浚为主。对于在建和拟建的枢纽上游水库常年回水航段，工期安排应在水库蓄水前实施航道整治工程，以节约造价；对于已建的枢纽上游水库常年回水航段，在进行复航或航道等级提升设计时，需实测滩险河段地形，并进行水文测验，与建库前的地形和水流要素比较，选定航线，确定滩险类型和整治方案。

6.8 枢纽下游航道

6.8.6～6.8.7 根据三峡大坝、葛洲坝、丹江口、万安、水口、西津和富春江等枢纽下游河段航道整治工程的实践经验总结,枢纽建成运行后,由于清水下泄的作用,会使河床冲刷下切而造成水位降落,会影响枢纽下游航道尺度,尤其会使下引航道和船闸闸坎水深不足,因此在航道工程设计时需充分论证水位降落的问题,并采取必要的工程措施。

7 运河航道

7.4 平面布置

7.4.5～7.4.9 运河航道连接段的布置，主要目的是使连接段的水流尽量保持平顺，不要出现有碍航行安全的横流、回流和乱流，使船舶、船队能平稳安全通过连接段或与其他水道、湖区的交汇口。

7.5 运河断面

7.5.3 在我国《内河通航标准》(GB 50139—2004)中对于天然和渠化河流航道宽度给出了计算公式，但对运河航道没有给出公式。本标准中参照该标准中的公式形式，对运河航道宽度，并针对不同船队形式给出了相应的航行漂角。针对单船和顶推船队，航行漂角略小于天然和渠化河流航道的计算取值。

7.5.5 在我国《内河通航标准》(GB 50139—2004)中对于天然和渠化河流航道水深给出了计算公式，但对运河航道没有给出公式。本标准中参照该标准计算公式，在分析运河航道代表船型设计吃水与航道水深之差值关系的基础上，给出了富裕水深。根据本公式计算，船型按照交通运输部公告2012年第73号“交通运输部关于公布京杭运河、淮河水系过闸运输船舶标准船型主尺度系列及有关规定的公告”，计算最小水深与《内河通航标准》中限制性航道的水深基本一致。

7.6 停泊区与服务区

7.6.2 本条规定是依据交通部2005年交水发27号文《长江三角洲高等级航道网建设有关技术问题的暂行规定》中相关内容制定的。

7.6.5 停泊区、服务区水域长度参照《河港工程总体设计规范》(JTJ 212)靠岸系泊锚地的要求，水域宽度满足停泊不少于2列船舶，并结合运河已建停泊区水域尺度确定。

8 湖区、桥区和内河进港航道

8.2 湖 区 航 道

8.2.8～8.2.9 根据洞庭湖区航道整治经验总结。

8.4 内河进港航道

8.4.3～8.4.4 “当码头紧邻主航道”是指在进港航道范围内既有行经码头的主航道,又有位于码头前沿的停泊水域和进出锚地的航道;“当码头远离主航道”是指港口与主航道处于不同的水域,码头有单独的进出港航道。

9 航标工程

9.1 一般规定

9.1.1 最大连续阴雨天数、年平均日照时间是指近10年的统计数据;50年一遇设计最大风速风向为离地10m高、10min平均值,波高一般选用50年一遇$H_{1\%}$,必要时,根据主体工程结构特点以及航标的重要性确定设计最大风速与波高的重现期。

9.1.2 航标配布设计一般需考虑枯、洪水期航道边界变化,因此需要近期测绘的航道图。

由于航标体积小,如果比例尺过大,航标难以在图上准确标注碍航物、拐点等航道要素。一般在设计中根据实际情况选择合适的比例尺。

9.1.4 对灯桩、灯塔、导标等构筑物,按相关规范进行结构稳定性计算。对于导标以及特殊位置的灯塔,需分析论证建造点的风速风向。

9.1.5 海区视觉航标灯浮标、灯器等易损件备品比例通常为30%,设置数量较少或在碰撞多发水域时适当增加。内河助航标志根据《内河航道维护技术规范》(JTJ 287)的规定配置备品数量:钢质浮具备品比例为30%~40%,在航标易被碰损或水质对浮具具有严重腐蚀的河段适当提高比例;专设航标浮具备品比例为100%;其他航标器材备品比例为50%。

9.2 海区航标工程

9.2.3.2 对人工航槽或狭窄航道,规定用航道侧面标标示航道界限,而对导标设置不做强制性规定,只有在通航条件如船舶操控性差的狭窄航道,有条件的情况下才设置导标。航道侧面标通常选用灯浮标或活节式灯桩,设标首选成对布设,如因潮流关系交错布设。

9.2.3.8 标准气象能见度条件是指大气透射系数$T=0.74$。

9.2.4.1 对高潮位时未露出水面的导堤,堤身灯桩的设标间距根据导堤平面布局并结合当地通航环境确定,通常为1~2n mile,特殊情况下适当缩小。

9.2.8 考虑到大型灯浮标、灯船等助航的重要性与结构的特殊性,特提出本条。

9.3 内河航标工程

9.3.3 本条文规定了航标配布设计所要确定的主要技术参数包括航标视距、航标配布宽度、同侧设标间距、设标水深、最小安全距离等。这些主要技术参数一般根据航道等级、代表船型、航道尺度以及自然环境条件综合确定,没有适用于所有内河水域的计算公式。

9.3.4.2 塔形岸标设置时需充分论证设置地点的航道演变、岸线利用规划等因素,实践中出现过由于航道变迁或岸线被开发利用而使得塔形岸标失去原有功能,但因其牢固的结构难以拆除的问题。

9.3.4.6 根据内河航道维护经验,在水位上升时期,一般在保证航道维护水深的前提下,适当将航道放宽,而在水位下降时期,通常会逐步缩窄航道宽度,以保持航道维护水深。故设在航道边界的侧面浮标也要相应进行调整。

9.3.5.3 对临近航道影响航行安全的孤立碍航物,采用双浮标前后标示是为防止一旦有1座浮标漂失产生的危险。

9.3.5.4 在长江三峡库区航道中,库区水位全年变幅达30m。在实践中,采用标志与标灯分开设置的方式:将塔形岸标设置在最高运行水位以上,便于白天船舶引用;在最高与最低运行水位之间设置分级灯座,供不同水位运行期航标灯临水设置,便于夜间船舶引用,避免因标灯离水沫线过远而误导船舶。实践效果良好,但在《内河助航标志》(GB 5863—93)中没有规定,故引入到本规范,规定此款。

9.3.5.5 随着建桥技术的提高,各类大跨度桥梁日渐增多,桥区航标配布遇见新的需求。而在《内河助航标志》(GB 5863—93)中只规定了连续桥跨中单孔单向的助航标志配布方法,而在内河桥区航标配布实践中,已根据不同的通航桥孔布置形成不同配布方法,故引入到本规范,规定此款。

9.3.5.6 在实施船舶分道航行的河段或受限河段,将左右侧的侧面标志成对配布,有助驾驶人员目测确定本身的船位,保障航行安全。

9.3.6.3 季节性通行信号标根据实际情况,规定某一特定水位开班或收班。在此情况下,凡通行控制水位与航标维护水位、航槽开封水位相关联的控制河段,其通行指挥工作需与相关的航标设置、撤除或航槽的开封工作相一致。

由于平原河流沙质浅滩航道变化频繁,不一定有固定的水位或时间,是否需要实行通行控制要视航道深度、宽度和弯曲半径等的演变而定。因此平原河流浅滩航道上设立的通行信号标,亦属季节性通行信号标。

9.3.10.2 钢质浮标的浮具长期浸泡在水中,防锈蚀性能关系到其使用年限,不能使用普通钢板制作,故规定本款。

9.3.10.3 在工程建设中,大型灯塔和塔形岸标越来越多,其结构稳定性至关重要,故规定本款。

9.3.10.4 由于最小安全距离的限制,绝大多数岸标设置在大堤外,临近水边。本条文是针对内河航道水位变幅大的情况,避免因高洪水位淹没大型岸标的出入口而产生无法进行塔顶设备维护的情况;而且大型标志在给船舶更强的助航功能的同时,也形成新的地标性航道建筑,所以需要充分考虑外形设计,但也不能过分追求新、奇、特,而失去其航标的原本功能。

9.3.10.5 鉴于大型岸标的外表面维护保养困难,设计中对外墙材料及涂料等选型需充分考虑维护的需要。

9.3.11.4 航标灯是船舶夜间航行的主要助航设施。本款规定是避免电源保障上本末倒置。

9.3.12 在风浪、流速较小,锚抓力较好的航道水域,浮标锚链的长度一般取最大水深的2~3倍;当风浪、流速较大,锚抓力较差时,适当增加锚链长度;在桥区等限制性水域以及标示礁石、沉船等碍航物时,适当缩短锚链长度。锚石的材料和重量的选择一般根据标位所在水域的水文气象条件和航道情况,参照已有航标系留设施的配置情况综合考虑。

9.4 导标工程

9.4.1 作为指向的导标能准确引导船舶航行,具有其他视觉航标难以替代的助航效能。但导标的设置需具备地理环境条件,且当要求的作用距离超过10n mile以上时,建造成本较为昂贵,因此,本条规定根据航海需要和具体情况等综合分析论证,确定导标的布设。

9.4.3 近年来我国水运事业蓬勃发展,原有导标设计规范的不适应性较为突出,由于导标计算参数较多,本规范只能在原有基础上进行修改,因此具有较大的局限性,尚待今后在实践中注意积累和充实。

9.4.5 偏离量的计算与航道尺度计算对应,参数的取值也要与航道尺度计算时的取值一致。标顶高程计算基准面通常采用平均大潮高潮面,在一般河流包括潮差较小的感潮河段,通常采用设计通航水位作为基准面。

9.4.7 考虑到能见度的变化,标称灯光射程应大于最远引航距离,根据历史能见度记录,在夜晚作用于整个航道使用段的保证率应不低于90%。

10 整治建筑物

10.1 一般规定

10.1.3 生态结构主要包括生态护岸、生态护滩、生态坝体等结构。生态护岸和护滩结构一般分为3大类:①在可降解材料(生态混凝土、棕榈树纤维、椰肉内部腐烂后剩余的椰子内部网状物等)上种植植被;②在不可降解且结构稳定的材料(自嵌式挡土墙、钢丝网护垫、三维加筋网垫)上种植植被;③直接在滩体或岸坡上种植植被(草皮护坡等)。生态坝体结构近年来国内外有了一些研究成果,其主要型式包括"∧"型坝体、透水坝、人工鱼礁等。

10.2 护滩和护底

10.2.2 近年来透水构件在长江以及汉江的中下游航道整治工程大量应用,实践证明其具有较好的防冲促淤效果,因此增加为散抛护底结构的一种。

10.2.3 软体排按压载型式分为散抛压载软体排、系结压载软体排和沙被软体排。系结压载软体排是指通过系结的方法,使混凝土块等压载物与土工织物相联结的排体,主要有沙肋软体排、混凝土系结软体排和混凝土联锁块软体排等。

10.2.4.1 根据长江中下游航道整治工程中的实际经验总结,在地形起伏不大、水深和流速较小的区域,排体设计长度可取为投影长度的1.05~1.1倍;在地形起伏较大、水深和流速较大的区域,排体设计长度可取为投影长度的1.15~1.25倍。

10.2.4.2 充填袋是指在土工织物袋内充填符合要求的砂料而形成的河工构件体,常用于缺乏石料地区的整治建筑物坝体填心和护脚等。

10.2.4.6 根据长江以及汉江的中下游航道整治工程的经验总结,强冲刷区域的软体排护底边缘往往形成锯齿状三维变形,随着冲刷的持续易造成软体排的坍塌、撕裂,而软体排边缘经过抛石或抛透水框架处理后则很少出现这种情况。

10.3 丁 坝

10.3.4 坝根护坡长度的确定适用于大、中、小河流,按照河流大小确定取值范围。

10.6 填 槽

10.6.1 填槽是根据汉江河口段航道整治工程经验总结。

10.8 鱼 嘴

10.8.1 固滩鱼嘴是根据湘江下摄司已建鱼嘴工程经验总结。